대한민국
행복수업
프로젝트

대한민국
행복수업
프로젝트

1판 1쇄 발행 2019. 11. 25.
1판 4쇄 발행 2024. 2. 26.

지은이 서울대학교 행복연구센터
기획 최인철 행복연구센터장, 홍영일 행복연구센터 박사, 우정은 행복연구센터 연구원, 매그앤북크

발행인 박강휘
집필 및 편집 송순진, 박아네스, 임지숙 | **디자인** 표지 조은아, 본문 차귀령
발행처 김영사
등록 1979년 5월 17일 (제406-2003-036호)
주소 경기도 파주시 문발로 197(문발동) 우편번호 10881
전화 마케팅부 031)955-3100, 편집부 031)955-3200 | 팩스 031)955-3111

저작권자 ⓒ 서울대학교 행복연구센터, 2019
이 책은 저작권법에 의해 보호를 받는 저작물이므로
저자와 출판사의 허락 없이 내용의 일부를 인용하거나 발췌하는 것을 금합니다.

값은 뒤표지에 있습니다.
ISBN 978-89-349-9964-5 03370

홈페이지 www.gimmyoung.com   블로그 blog.naver.com/gybook
인스타그램 instagram.com/gimmyoung   이메일 bestbook@gimmyoung.com

좋은 독자가 좋은 책을 만듭니다.
김영사는 독자 여러분의 의견에 항상 귀 기울이고 있습니다.

대한민국
행복수업
프로젝트

교사가 행복해야 학생이 행복하다

서울대학교 행복연구센터 지음

 김영사 For better lives.
서울대학교 **행복연구센터**
Center for Happiness Studies
Seoul National University

서울대학교 행복연구센터

서울대학교 행복연구센터는 세계 초일류 행복연구 및 교육기관이라는 비전을 달성하기 위하여 2010년도에 설립되었습니다. '더 나은 삶의 추구For Better Lives'라는 모토 아래 행복의 심화를 위한 행복연구 및 행복의 확산을 위한 행복교육 사업을 추진하고 있으며, 특히 교사와 학생 모두가 행복한 학교문화 조성을 위한 '대한민국 행복수업 프로젝트'를 실시하고 있습니다.

Contents

10th Anniversary
of Center for
Happiness Studies
Seoul National
University

'행복교육 10년사'를 발간하며

'지금 알고 있는 걸 그때도 알았더라면'이라는 간절함을 불러일으키는 것에는 어떤 것들이 있을까라는 질문을 던져봅니다. 자신의 인생을 행복하게 사는 것의 중요성, 행복한 사람들의 특징, 행복한 사회의 조건, 그리고 행복에 필요한 습관. 이런 것들이야말로 그런 간절함의 대상이 아닐까 하는 생각에서 시작한 행복교육 운동이 어느덧 10년이 되었습니다.

행복교육이 무엇이고 행복교육은 어떤 방법으로 진행되어야 하는지에 대한 명료한 그림이 없는 상태에서, 오직 그 간절함 하나로 시작했습니다. 그 과정에서 여러 가지 다양한 시행착오가 있었지만, '끝까지 지속하는 것이 곧 성공하는 것'이라는 신념으로 행복교육 운동을 지속해왔습니다. 그 결과, 행복교육에 대한 나름의 이론적 모형과 다양한 방법론적 대안들을 개발할 수 있었습니다. 또한 2천여 곳 이상의 학교가 행복교육에 참여하고, 100만 명 이상의 학생이 행복수업을 받고, 1만 명에 가까운 교사가 행복교육 연수를 받는 성과를 거두게 되었습니다.

이런 초기의 성과에도 불구하고 행복교육은 치밀한 연구를 통해 이론적 모형이 더욱 정교화돼야 하고, 체계적인 실증 연구를 통해 효과성이 검증되어야 합니다. 뿐만 아니라 학교 현장에서 보다 효율적으로 적용될 수 있도록 다양한 방법들이 개발되어야 합니다. 이를 위해서 가장 먼저 선행돼야 할 점이 바로 지난 10년간의 활동을 세밀하게 기록하는 일입니다. 어떤 노력들이 진행되어왔는지, 어떤 시행착오가 있었는지, 교사와 학생들의 반응은 어떠했는지 등, 지난 10년간의 행복교육 전반에 대한 자세한 기록이 존재해야만, 더 나은 행복교육을 위한 노력이 열매를 맺을 수 있습니다.

《대한민국 행복수업 프로젝트》는 오직 이 목적을 위해 만들어졌습니다. 이 책은 그간의 성과를 홍보하기 위한 것이 아니며, 행복교육 운동에 참여해온 분들의 공로를 대외적으로 알리기 위한 것도 아닙니다. 오직 그동안의 기록을 자세하게 남겨 이론적으로 보다 탄탄하고, 방법론적으로 보다 효과적인 행복교육을 만들기 위해서 제작되었습니다.

이 책이 행복교육의 과거와 현재와 미래를 이어주는 가교 역할을 해주기를 기원합니다. 끝으로 지난 10년간 행복교육 운동에 동참해주신 모든 선생님, 후원자님, 그리고 행복연구센터의 연구원님들께 깊은 감사를 드립니다.

최인철

서울대학교 행복연구센터장

행복교육이 걸어온 길

For better lives.
서울대학교 행복연구센터
Center for Happiness Studies
Seoul National University

서울대학교 행복연구센터는 2010년 1월 1일 처음 문을 열었다. 이
듬해인 2011년 8월 중등용《행복교과서》를 발간한 행복연구센터는
곧이어 전국 중학교를 대상으로 행복교육 시범학교를 운영하며 행복
교육의 확산 가능성을 점쳤다. 대한민국 교육제도 안에 행복교육의
존재를 확실히 새겨 넣기까지, 행복연구센터가 진행한 다양한 사업
들을 연도별로 일괄한다. 행복연구센터가 걸어온 지난 10년의 행보
는 '대한민국 행복교육의 역사'라고 볼 수 있다.

2010

1월 서울대학교 행복연구센터 설립
3월 서울대생 행복 종단 연구 시작

2014

2월 초등《행복교과서》발행
     2014 상반기 행복교육 기초 워크숍
3월 제1기 교사행복대학
     2014-1학기 행복교육 심화 워크숍
     초등 행복수업 시범학교 운영
6월 2014 상반기 행복수업 모니터링 실시
8월 2014 하반기 행복교육 기초 워크숍
9월 제2기 교사행복대학
     2014-2학기 행복교육 심화 워크숍
10월 제1회 전국교사대회 '꽃보다 교사' 개최
     제2회 행복수업 스토리텔링 공모전

2011

8월 중등《행복교과서》발행
　　'교사가 행복해야 학생이 행복하다' 교사 강연회
　　중학교 행복수업 시범학교 운영(18개 중학교)
9월 시범 운영 학교 대상 행복수업 교사 워크숍 실시
　　교사 온라인 커뮤니티 '행복교과서 프로젝트'
　　다음카페(cafe.daum.net/happinessbook4u)
　　개설

2012

1월 2012 상반기 행복교육 기초 워크숍
8월 2012 하반기 행복교육 기초 워크숍
9월 2012-2학기 행복교육 심화 워크숍
12월 대구광역시교육청 MOU 체결

2013

1월 2013 상반기 행복교육 기초 워크숍
　　서울특별시 강서양천교육지원청 MOU 체결
2월 중등《행복교과서》개정판 발간
　　서울특별시교육청 MOU 체결
3월 2013-1학기 행복교육 심화 워크숍
　　서울특별시 성북강북교육지원청 MOU 체결
5월 서울특별시 중부교육지원청 MOU 체결
6월 2013 상반기 행복수업 모니터링 실시
7월 행복연구센터 뉴스레터 〈행복짝꿍〉발간
　　서울특별시 서부교육지원청 MOU 체결
　　행복연구센터 홈페이지 모바일 버전 오픈

8월 2013 하반기 행복교육 기초 워크숍
　　제1회 행복수업 스토리텔링 공모전 개최
　　《만화로 배우는 행복교과서》발행
9월 2013-2학기 행복교육 심화 워크숍
10월 2013 하반기 행복수업 모니터링 실시
11월 행복가교(행복을 가르치는 교사들의 모임) 발족

2015

1월 2015 상반기 행복교육 기초 워크숍
3월 2015-1학기 행복교육 심화 워크숍
5월 2015 상반기 행복수업 모니터링 실시
7월 2015 하반기 행복교육 기초 워크숍
9월 제3기 교사행복대학
　　　2015-2학기 행복교육 심화 워크숍

2016

1월 2016 상반기 행복교육 기초 워크숍
3월 제4기 교사행복대학
　　　2016-1학기 행복교육 심화 워크숍
8월 2016 하반기 행복교육 기초 워크숍
9월 제5기 교사행복대학
　　　2016-2학기 행복교육 심화 워크숍

2019.06

1월 2019 상반기 행복교육 기초 워크숍
　　　제3회 행복교육 학술대회 개최
2월 제3기 교사 행복연구세미나
3월 제10기 교사행복대학
4월 2019-1학기 행복교육 심화 워크숍

2017

2018

History 1

행복연구센터
행복교육 10년사

2010년 1월 1일 문을 연 서울대학교 행복연구센터는 지난 10년간 행복을 연구하고 가르치는 국내 유일의 기관으로 존재해왔다. 대한민국 공교육 현장에서 '행복교육'이 더 이상 낯설지 않은 표현이 되기까지, 행복연구센터의 10년 역사를 되짚어본다. 특히 행복연구센터의 두 가지 핵심 사업, 연구와 교육 가운데 교육사업을 중심으로 지난 10년의 주요 순간들을 갈무리했다.

우연과 인연으로
시작된 '행복교육'

"학교에서 행복을 가르치면 어떨까? 《행복교과서》를 만들어 나누면 행복교육을 시작할 수 있지 않을까?" 올해 10주년을 맞이하는 행복연구센터는 단순하지만 낯선, 이 질문에서 출발했다. 무한 경쟁 시대의 여파가 사회 곳곳에 불행의 씨를 뿌리고, 10대의 잇단 자살 사고 뉴스가 심심찮게 들려오던 2010년대 초. '한강의 기적'을 쓰며 선진국의 문턱에 섰지만 앞만 보고 달려온 탓에 행복은 '남의 일'이라 치부하던 한국 사회에서 '행복교육'은 어쩌면 뜬딴지 같은 얘기였을지도 모른다. 더군다나 당시 국내에서는 행복에 대한 연구와 교육이 본격적으로 이뤄지지 않은 상황이었다. 그럼에도 불구하고 어떻게 행복을, 또 행복교육을 체계적이고 과학적으로 논하는 행복연구센터가 만들어질 수 있었을까? 자칫 무모해 보일지도 모를 이 의미심장한 도전은 어떻게 첫걸음을 떼게 된 걸까?

행복연구센터의 출범을 이해하기 위해서는 2007년 무렵 이뤄진 두 사람의 만남으로 거슬러 올라가야 한다. 익명의 한 후원자와 서울대학교 심리학과 최인철 교수가 그 주인공이다. 후원자는 남부러울 것 없는 유복한 집안에서 자랐지만 어려서 아버지를 여의고 젊은 시절을 방황 속에서 보내다, 인생의 스승이 된 스님 한 분을 만나 행복의 의미를 알게 되었다. 이후 그는 자신이 찾은 행복을 다른 이들과 함께 나누기 위한 다양한 방법을 모색했다. 한편 최인철 교수는 2000년 서울대학교 심리학과에 부임한 후 2007년 안식년을 맞아 '세상을 바라보는 마음의 창'에 대한 심리학 도서 《프레임- 나를 바꾸는 심리학의 지혜》(21세기북스)를 출간한 상태였다. 그런 어느 날 최인철 교수는 지인을 통해 "기업인을 대상으로 심리학 강의를 해줄 수 있겠느냐"는 요청을 받게 되는데, 이때 후원자를 만나게 된 것이다. "여의도에서 점심 식사를 하며 《프레임》의 내용을 간단히 요약해 얘기를 나누는 자리였어요. 그런데 함께한 분들이 기업인이다 보니 아주 현실적인 질문을 하시더군요. '도대체 심리학이란 어떤 학문이냐, 이게 무슨 쓸모가 있느냐'는 거였어요. 그 질문에 대해 '심리학은 사람에 관한 지식을 축적해 사람들이 행복하게 살 수 있도록 도와주는, 마음 설명서 혹은 매뉴얼을 만드는 것'이라고 대답했어요."

'행복'이란 키워드 때문이었을까? 한두 달 뒤 후원자는 최인철 교수에게 재차 강연을 요청했고, 자신이 운영하고 있는 기업체 임직원을 대상으로 《프레임》 강연을 열어 큰 호응을 얻었다. 한 달여쯤 뒤 다시 연락을 해온 후원자는 이번엔 자신이 속한 스터디 모임 '수공회'의 멤버로 최인철 교수를 정식 초대했다. "2007년 가을부터였나 봐요. 모임을 통해 후원자와 교류를 하다 보니 이분의 관심사가 행복이더라고요. '행복마을 동사섭'이라는 행복 프로그램을 후원하는 등 그쪽으로 관심이 컸어요. 그러던 어느 날 저에게 한 가지 제안을 하시더군요. 동사섭이 아무래도 불교재단에서 운영하는 만큼 스님 개인의 깨달음에 근거하는 경향이 강한데, 거기에 행복연구 분야의 과학적인 이론들을 연결해 교재를 만들어 줄 수 있겠느냐는 것이었죠. 그래서 2008년 여름, 학생들을 데리고 동사섭 프로그램에 참여했어요."

최인철 교수는 일주일간 동사섭 프로그램에 함께하면서 행복에 관한 강연을 뒷받침할 만한 여러 심리학 이론을 찾고, 다양한 연구 결과를 강연 내용과 접목하는 프로젝트를 진행했다. 당시만 해도 최인철 교수조차 긍정심리학을 본격적으로 연구하지 않았던 때라, 심리학 전반에 걸친 연구 결과를 정리해 동사섭 프로그램 내용과 잇는 작업이 이뤄졌다. "강연자의 말씀 가운데 심리학적 연구 결과와 일치하는 것들이 많았어요. 어쩌면 그 말씀들은 과학적으로 포장되지 않았을 뿐, 일반적인 심리학의 내용과 크게 다르지 않을 수 있는 것이죠. 그래서인지 저도 이 프로젝트가 크게 어렵지 않았고, 동사섭 또한 제가 만든 교재로 도움을 받았습니다."

어쩌면 이 과정은 후원자와 최인철 교수가 의기투합해 행복연구, 행복교육의 가능성을 탐문하는 단계였을지도 모르겠다. "동사섭 프로젝트를 끝내고 1년쯤 지난 2009년 무렵, 후원자께서 슬쩍 그러시는 거예요. '동사섭은 아무래도 불교적인 색채가 강하고 산속에 있어 접근성이 크지 않으니 행복 프로그램이 아무리 좋아도 확산되기는 힘들다'고요. 거기 더해 '이왕이면 과학적인 기초를 갖춘 행복 프로그램을 만들고, 또 행복을 깊게 연구해서 사회에 공헌하고 싶다'고 하시더군요. 《행복교과서》를 만들어 학교에 보급하는 일을 하면 좋겠다'고 구체적으로 제안을 하셨죠. 그런데 그때 저는 그 말을 그냥 흘려들었어요. '네, 좋은 일 같습니다' 그렇게만 대답하고 잊어버렸죠. 그랬더니 그해 가을, 다시 강하게 말씀하시는 거예요. 행복교육 사업을 하자는데 왜 시작을 안 하느냐고요.(웃음) 그래서 2009년 가을부터 서둘러 준비해 2010년 1월 1일자로 '서울대학교 행복연구센터'를 출범하게 됐죠." 한국 최초의 행복연구센터는 강력한 의지를 가진 후원자와 그 의지를 실행할 학문적 바탕을 갖춘 연구자, 두 사람의 뜻이 모여 이렇게 설립됐다.

2009년부터 3년간의 예산을 지원하기로 한 후원자의 도움에 힘입어 최인철 교수는 행복연구센터를 설립, 한국에서는 처음으로 '행복'을 화두로 삼고 행복에 대한 연구와 교육사업을 병행하는 행복연구센터장으로서의 의미심장한 첫걸음을 시작한다. 센터를 설립하며 그가 롤모델로 삼았던 것은 미국 그랜트 재단이 75년간 후원을 약속해 진행한 하버드대학교의 행복에 관한 종단 연구 '그랜트 스터디Grant Study'였다. 당시 그랜트 스터디는 첫 번째 연구 시즌을 끝내고 행복에 관한 인과관계를 밝히는 데까지 성공한 상황이었다. 그랜트 스터디 외에는 롤모델로 삼을 만한 마땅한 해외 연구나 단체가 없었지만, 그렇다 하더라도 미국식 행복연구와 행복교육이 한국 사정에 맞을지 확신할 수는 없었다. 특히 '한국에서 과연 그랜트 스터디 같은 장기적인 행복연구가 가능할까' 하는 의구심이 드는 게 당연했다. "행복이 과학적으로, 교육적으로 프로그램화될 수 있다는 생각을 하지는 않았어요. 지금도 그렇지만 당시에도 행복을 학교에서 가르친다는 생각은 그 자체로 낯설었으니까요. 또 세계적으로 사례가 많지 않았고요. 그러니까 '행복교육이 근거가 있고, 또 효과도 있다'와 같은 생각을 확고히 가진 상태에서 시작한 건 아니에요. '왜 행복을 학교에서 가르치지 않을까? 가르치면 안 되는 이유가 뭘까?'라는 근본적인 질문을 일단 던져본 거죠."

"안 될 이유가 없다." 이 같은 결론을 내린 최인철 센터장은 일단 효과성에 대한 고민은 접어두기로 했다. '행복을 가르친다고 해서 과연 교육적인 효과가 생길까?' 하는 일반적인 고민은 "해봐야 아는 것"이라는 단순하고도 명쾌한 해답으로 돌파했다. 후원자 역시 행복연구센터 출범과 함께 50년간 후원을 약속하되 단기적인 성과는 요구하지 않겠다고 약속했다. 행복연구, 행복교육은 당장의 효과를 기대하기보다 '미래 세대를 위한 밑거름이 될 것'이라는 믿음을 갖고 있었기 때문이다. 만약 행복교육을 받은 어린이들이 청년이 됐을 때, 눈앞의 난관에 좌절하지 않고 어린 시절의 행복교육을 떠올리며 이를 이겨낼 힘을 얻을 수 있다면? 그것 자체로 행복교육은 성과를 거둔 것이나 다름없다는 생각, 행복연구센터는 이 믿음으로 시작됐다.

한국 최초의
《행복교과서》 탄생

행복연구센터의 초창기 목표는 '행복의 심화와 확산'. 즉, 행복을 깊이 있게 연구하고 교육을 통해 널리 알린다는 것이었다. 그리고 "이를 실행하기 위한 가장 쉬운 일"에 우선적으로 착수하게 되는데, 그것이 바로 "행복에 관한 책을 만들어서 보급하자"는 취지의 《행복교과서》 발간이다.

《행복교과서》 개발 프로젝트를 시작하며 가장 중요했던 것은 아무도 가보지 않은 길을 함께 갈 팀원을 구하는 일이었다. 최인철 센터장은 주변을 수소문해 행복연구센터 '1호 연구원'인 이명아 연구원(현 연세대학교 임상심리학 박사)을 채용하고, 구인광고를 통해 곧바로 김경미 전북대학교 상담심리학 박사(현 동명대학교 상담심리학과 교수)를 영입했다. 그렇게 창립 멤버를 모아 팀을 꾸렸지만 심리학 전공인 이들에게 《행복교과서》 프로젝트는 결코 만만치 않은 과제였다. 심리학과 더불어 교육학에 대한 이해가 바탕이 돼야 했기 때문이다. "행복교육을 위해 시작할 수 있는 일이 교과서 개발인데, 교과서를 어떻게 써야 할지 막막하더라고요. 가장 쉬운 방법이 뭘까 고민하다가 전문 분야에 계신 분께 맡겨보자고 생각했어요. 교육학을 전공한 이들 가운데 행복에 관심이 있고, 영향력도 지닌 분에게 의뢰를 하면 좋겠다 싶었죠. 그래서 서울시 교육감과 교육부 장관을 역임한 문용린 교수님께 교과서 개발을 부탁드렸어요. 2010년 여름쯤이었어요."

문용린 교수팀에 의뢰한 교과서 개발 프로젝트가 한창 진행될 무렵, 행복연구센터도 새 식구를 맞이한다. 연구원으로 새롭게 합류하게 된 류승아 박사(현 경남대학교 심리학과 교수)였다. 이후 최인철, 류승아, 김경미, 이명아까지 총 4인으로 꾸려진 행복연구센터는 문용린 교수팀의《행복교과서》초안을 받아 중등용《행복교과서》개발에 직접 뛰어들었다. "교과서에 어떤 내용을 넣을 것인가가 핵심인데, 책 전체를 관통하는 이야기를 만드는 일이 굉장히 어려웠어요. 긍정심리학의 주요 주제들로 목차를 구성하긴 했는데, 이 목록 자체가 중요한 게 아니잖아요. 이들 전체를 아우르는 '스토리'가 중요한 거죠. 초안을 만든 문용린 교수님 팀도, 우리 연구원들도 이걸 만들지 못해 고전하고 있었어요. 어떻게 해야 하나 한참을 고민하다 찾아낸 것이 '어떤 마음으로, 무엇을, 누구와'로 이 주제들을 엮는다는 아이디어였어요."

긍정심리학에서 중요하게 다루는 각각의 주제를 '어떤 마음으로, 무엇을, 누구와'라는 행복교육의 핵심 메시지로 분류하고 나니 자연스러운 흐름이 만들어지며 하나의 이야기로 이어졌다. 먼저 1장에서는 행복의 정의를 설명하고 2장부터는 '어떤 마음으로 살아갈 것인가', 즉 삶을 바라보는 관점에 대해 말하는 것으로 방향을 잡았다. 관점에 대한 전체적인 설명을 다룬 2장 '관점 바꾸기'와 구체적인 방법론을 제시하는 3장 '감사하기', 4장 '비교하지 않기'를 연결했다. 다음으로는 행복을 위해 '무엇을 해야 할 것인가'를 제시했다. 이와 관련해《행복교과서》가 내놓은 해법은 세 가지. 우선 크고 작은 목표를 세우고(5장), 우리 주변에서 일어나는 작은 일들을 놓치지 않고 음미하며(6장), 무엇을 하든 거기에 몰입하자(7장)는 것이다. 마지막으로는 '행복을 누구와 나눌 것인가'에 대해 다루었다. 인생을 누구와 함께할 것인가는 행복에서 매우 중요한 문제인 만큼, 관계를 돈독하게 가꿔나가는 것이 필요(8장)하다. 또 나누고 베푸는 삶을 통해 행복을 실현하고(9장), 삶에서 가장 어려운 일 중 하

첫 번째 《행복교과서》가 만들어지기까지

행복연구센터가 발행한 첫 번째《행복교과서》는 중학생용이다. 중학생 시절은 '중2병'이라는 표현이 생길 정도로 2차 성징과 함께 심리적으로도 큰 전환점에 놓이게 되는 시기로, 행복교육이 가장 필요한 때라는 게 심리학계 내에서도 통용되는 사실. 그러나 교과서 제작 당시 중등용으로 발행하기로 결정한 것은 "직관적인 판단" 때문이었다. 초등학생은 행복교육에 대한 이해를 제대로 하기 어렵고, 고등학생은 입시 때문에 교육 현장에서 행복교육이 받아들여지기 힘들다고 예상했던 것이다. 또한 첫 번째《행복교과서》는 "기존의 교과서처럼 만들지 않겠다"는 목표를 잡았는데, 이를 위해서 교과서 전문 출판사가 아닌 어린이책 전문 출판사인 '주니어김영사'에 제작을 맡기고 가장 좋은 종이를 사용해 완성도를 높였다. 교과서 앞 단의 '목차'에도 숨은 의미가 있다. 제목만 봐도 행복교육이 전하고자 하는 메시지를 읽어낼 수 있도록 광고 문구처럼 만든 것이다. "행복수업을 꼭 하지 않더라도 이 페이지를 떼어내 벽에 붙여두고 바라보는 것만으로 행복교육이 될 수 있도록 만들었다"는 게 최인철 센터장의 설명이다.

나인 용서하기(10장)를 마지막에 배치했다. 이렇게 개별적인 의미를 가진 각각의 주제를 세 가지로 묶어 명확한 메시지를 만들고 난 뒤, 본문에서는 문학과 실존 인물, 실화 등에서 따온 다양한 예시문에 심리학적 근거를 제시하는 방식으로 교과서를 써 내려갔다. 또 누구나 읽기 쉽게 쓰는 것을 기준으로 잡았다. 여기에 학생 스스로 생각해볼 수 있도록 하는 '함께 생각하기'를 넣어 학생들이 생활 속에서 교과서의 내용을 실천할 수 있도록 유도하고자 했다.

이렇게 만들어진 《행복교과서》는 2011년 8월에 완성됐다. 행복연구센터가 생긴 지 1년 반 만에 드디어 의미 있는 콘텐츠를 선보이게 된 것이다. "《행복교과서》1쇄를 보면 행복연구센터 창립 멤버 이름이 다 들어가 있어요. 표지 디자인도 재주 많은 이명아 연구원의 작품이에요. 그만큼 모든 멤버가 교과서 개발에 열정적으로 임했습니다."

행복연구센터가 열과 성을 다해 만든 첫 번째 《행복교과서》는 교사뿐 아니라 일반 독자도 즐겁게 읽을 수 있도록 하자는 취지에 맞춰 완성됐다. 덕분에 "기존 교과서에서는 보기 힘든 내용" "교과서지만 평범한 어른들이 봐도 좋다"는 등의 호의적인 반응이 쏟아졌다. 순조로운 출발이었다. 행복연구센터는 곧 《행복교과서》의 탄생을 알리는 출판기념회 겸 교사 대상 강연회 '교사가 행복해야 학생이 행복하다'의 기획에 돌입해 본격적으로 독자와 만날 채비를 시작했다. 그런데 바로 이 지점에서부터 행복교육에 대한 폭발적인 반향이 일기 시작했다. 강연회 신청자가 예상을 훨씬 웃도는 400여 명에 육박한 것이다. 애초 60명가량 참석할 것이라고 예상했던 센터 스태프들은 급히 서울대학교 문화관으로 장소를 바꾸고 대규모 행사를 진행해야 했다. 가능한 한 신청자 모두를 초대해야 한다고 생각했기 때문이다.

"상담교사로 근무하면서 이런 교과서가 있다는 것에 적잖이 충격을 받았습니다. 너무 신선했고 꼭 필요한 수업이라는 생각이 들었습니다."

"1년 동안 아이들과 더 행복하지 못한 것이 아쉬워서 검색을 하다가《행복교과서》프로젝트를 발견하게 됐습니다. 행복을 연구하는 곳이 실재하다니 신기하네요. 많이 공부하고 나눠서 아이들과 저 모두 행복해졌으면 합니다."

"자유학기제를 준비하다가 진로 선생님께서 주신《행복교과서》를 보게 됐습니다. 내용이 좋아서 자료를 찾던 중 행복연구센터를 알게 됐고요. 수업에 대한 고민이 많았는데《행복교과서》덕에 어떻게 수업을 풀어갈지 방법을 찾을 수 있게 됐습니다."

강연회에 참석한 교사들은 적극적인 반응과 성원으로 화답했다. 또 다양한 의견과 더불어 행복교육의 방향에 결정적인 영향을 미칠 조언을 건네기도 했다. 그중에서도 이 말은 특히 중요한 방향타가 됐다. "요즘 학생들은 책을 거의 안 읽어요. 그러니 아마《행복교과서》만으로는 별다른 효과를 얻기 어려울 거예요." 이는 교육 현장에서 아이들과 직접 만나고 부딪히는 교사만이 전해줄 수 있는 조언이었을 것이다. 그렇다면 어떤 방식으로 접근해야 가장 효과적으로 행복교육을 할 수 있을까? 이런 고민 앞에 서게 된 행복연구센터는, 지금의 교사 행복교육 프로그램의 시발점이 된 한 가지 결론에 다다르게 된다. "학생들의 행복교육을 위해서는 교사들의 행복교육이 선행돼야 한다"는 것이다.

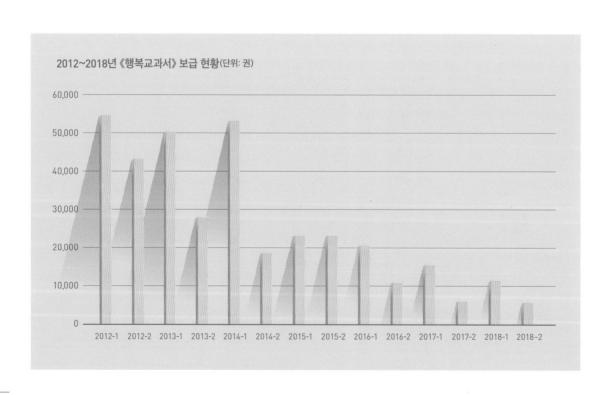

2012~2018년《행복교과서》보급 현황(단위: 권)

교사 강연회 '교사가 행복해야 학생이 행복하다'를 성공적으로 마친 행복연구센터는 다음 행보를 향해 발 빠르게 움직였다. 《행복교과서》를 만들고 알렸으니 이제는 시범학교를 운영할 차례였다. 2011년 2학기, 행복연구센터는 행복교육 시범학교를 모집하는 공문을 전국 중학교에 전달했다. 공문의 제목은 '행복수업 실시 학교 모집 및 교사 연수 안내'. 행복연구센터는 이를 통해 전국 18개 중학교를 시범학교로 선정하고, 행복교육 교사 연수 프로그램 준비에 박차를 가했다.

2012년 1월, 행복연구센터는 드디어 첫 번째 공식적인 교사 대상 기초 연수에 대한 모든 채비를 마치고 교사들을 기다렸다. 우선 교사 연수를 신청하는 이들에게 필요한 만큼의 교과서를 무상으로 제공하겠다고 선언했다. 단, 행복수업을 진행할 교사가 반드시 연수를 받아야 한다는 것을 조건으로 남겼다. 이는 《행복교과서》와 행복교육의 보급을 위해 가장 이상적인 방법이었지만 학교 현장의 반응이 어떨지는 알 수 없는 일이었다. 그러나 이번에도 행복연구센터의 예상을 깨는 반응이 돌아왔다. "처음에는 100명 정도 올 거라고 생각했어요. 그런데 첫 강연회와 마찬가지로 우리의 예상을 훨씬 넘어선, 600명을 웃도는 수가 신청했더군요." (홍영일 팀장)

스태프들은 우선 서울대학교, 전남대학교, 부산대학교에서 각각 1회씩 개최하기로 한 교사 연수를 서울대학교에서 3회 더 추가해 진행하기로 결정했다. 이후 행복연구센터의 기초 워크숍으로 자리 잡게 되는 교사 연수 프로그램 구성도 가닥을 잡아 나갔다. 최인철 센터장의 긍정심리학 강의와 함께 행복 비즈니스 인큐베이팅연구소인 '헤고스랩HEGOSLAB'의 도움을 받아 만든 교육 및 실습 프로그램을 주요 골자로 삼았다. 첫 출간된 《행복교과서》를 소개하고 한 학기 동안 진행할 행복수업 교수법을 배운 다음, 간단한 실습 과정을 거치는 것이 주요 내용이었다.

교사들을 맞이할 준비로 한창 바쁘게 돌아가던 행복연구센터 내부에도 변화가 생겼다. 심리학 전공자가 중심이 된 기존 스태프에 교육학 전공자를 추가 영입해 팀을 보강한 것이다. 현재 행복연구센터에서 교육팀을 이끌고 있는 홍영일 팀장이 합류한 것도 이즈음이다. 그는 서울대학교 사범대학에서 교육공학을, 그중에서도 '태도교육'을 전공한 뒤 박사 논문을 쓰기에 앞서 사회심리학에서 유사한 주제를 연구하던 최인철 센터장을 찾아간 적이 있었다. "어느 날 홍영일 박사가 저를 찾아왔어요. 자기가 진짜 해보고 싶은 일이라고 하더군요. 그런데 그때는 사람을 채용할 상황이 아니어서 그냥 '고맙다'고만 하고 헤어질 수밖에 없었죠. 이후 어느 날 또다시 찾아왔는데, 마침 센터 내에서 교육 쪽으로 여러 이슈가 있던 때였어요. 이를테면 교사용 지도서나 인정교과서(민간에서 펴낸 교과서 가운데 교육부장관이 인정하고 시도 교육감이 승인한 교과서), 연수 포인트 문제 같은 것들이었죠. 저는 그 부분에 대해 잘 모르지만 홍영일 박사는 교육학 전공이에요. 교육 쪽 이슈를 잘 이해하고 있을 뿐만 아니라 적절한 해결책을 내놓을 수 있는 적임자를 찾게 된 셈이죠." (최인철 센터장)

"태도교육을 전공하면서 고민이 많았습니다. 당시에는 인성교육이란 말조차 없었어요. 2014년 '인성교육진흥법'이 통과되면서 비로소 인성교육이 공론의 장에 등장했죠. 그러니 2011년 무렵에는 태도교육에 관심 있는 사람을 찾기조차 어려웠어요. 그런데 이런 주제를 심리학과에서는 사회심리 분야에서 다룬다고 하더라고요. 그래서 당시 사회심리학의 권위자인 최인철 교수님을 찾아간 거죠. 이후 행복연구센터를 설립했다는 소식을 듣고 '교사가 행복해야 학생이 행복하다' 강연회에 참석하기도 했어요. 그런데 행복교육이란 게 어쩌면 '한국 교육에 지각 변동을 가져올지도 모른다'는 생각이 들더군요. 이를테면 인성교육은 아이들에게 예절교육, 배려교육이 필요하다는 식으로 접근하잖아요. 인성교육을 통해 공동체 질서를 정립하자는 취지예요. 그런데 행복교육의 접근 방식은 아예 다르거든요. 《행복교과서》도 관계 맺기와 배려하기를 다루지만 개인의 관점을 중시하고 더 나아가 자아실현에 방점을 두죠. 보다 근원적이고 포괄적인 개념을 가진 인성교육인 셈이에요." (홍영일 팀장)

홍영일 팀장 합류에 즈음한 2011년 9월 24일, 행복교육 시범학교 교사를 대상으로 한 첫 번째 워크숍이 열렸다. 행복연구센터의 워크숍은 이례적으로 참가비는 물론 교재와 식사 등 모든 것을 무료로, 최고급으로 제공하는 파격적인 방식으로 진행됐다. 센터는《행

**초등용
《행복교과서》가
만들어지기까지**

이경민 교수는《교사용 지도서》와 더불어 초등용《행복교과서》개발을 이끈 장본인이기도 하다. 그는 서울교육대학교와 손잡고 초등 현직 교사들의 도움을 얻어 2014년 2월, 초등용《행복교과서》를 발간했다. 초등 고학년(5, 6학년)을 대상으로 삼은 만큼 내용은 보다 쉽게 전달하되, 중등용《행복교과서》의 3대 범위(어떤 마음으로, 누구와, 무엇을)는 그대로 유지하는 것으로 기본 방향을 정했다. 대신 교사와 초등 고학년 학생들이 핵심 내용을 빨리 파악할 수 있도록 그 순서를 '누구와, 무엇을, 어떤 마음으로'로 바꿨다. 이렇게 범주를 나누는 데 약간의 변화를 주고 챕터 편성에는 일관성을, 콘텐츠는 차등성을 고려했다. "일관성 있는 교과서 개발이 이뤄졌으면 한다는 행복연구센터의 의견을 반영해 각 챕터의 구성과 방향은 어느 정도 유지하되, 대상자의 나이가 어리니 접목하기 쉬운 방향을 잡자고 생각했어요. 그래서 '행복은 누가 만드는 건가', 구체적으로 '무엇으로 만드는가'로 흐름을 잡았죠. 행복이라는 추상적인 개념이 구체적인 경험 단위로 내려올 수 있도록 하는 것이 초등《행복교과서》의 역할이라 생각하고 가급적 아이들이 구체적인 경험과 느낌을 경험할 수 있도록 하는 데 주력했습니다." (이경민 교수)

이러한 방향 아래 제작된 초등용《행복교과서》는 각 주제마다 '우리들 이야기' '행복의 비밀' '행복한 사람' '행복 실천하기' '다짐하기'라는 단계별 학습 구성을 두고 있다. '우리들 이야기'에서 예시문을 제시하고 '행복의 비밀'에서는 주요 메시지를 보다 명확하게 설명하도록 했다. 또 '행복한 사람'에서는 해당 주제와 관련된 긍정심리학 연구를 제시하며, '행복 실천하기'와 '다짐하기'에서는 아이들이 자신의 삶 속에서 행복을 실천하는 방법을 소개한다.

복교과서》시범학교 교사 연수를 진행하면서 콘텐츠 개발에도 힘을 실었다. 또 다른 후원자인 SBS 문화재단의 도움을 받아《행복교과서》10개 챕터의 주요 내용을 5~10분짜리 동영상으로 만든 DVD를 제작하는가 하면, 교사가 수업 시간에 활용할 수 있는 각종 자료를 파워포인트로 만들어 무료로 배포하는 등 콘텐츠의 다각화에 심혈을 기울였다. 또 포털사이트 다음Daum에 카페 '행복교과서 프로젝트'(http://cafe.daum.net/happinessbook4u)를 개설해 행복수업을 진행하는 교사가 서로 교류하고 다양한 수업 자료를 공유할 수 있도록 했다.

성공적으로 마무리한 첫 번째 워크숍 내용은 이후《행복교과서 워크북》과《교사용 지도서》로 정리해 책으로 펴내기도 했다. 그중에서도《교사용 지도서》는 부산 동의대학교 유아교육과 이경민 교수가 주도적으로 이끈 프로젝트다. 이경민 교수는 유아교육과 소속이지만 발달심리학과 아동학을 전공했으며 부산 지역의 초등·중등 교사들과 함께 '교실 개혁 운동'을 추진하고 있었다. "행복이란 키워드를 직접 쓰지는 않았지만 교실 개혁 운동 역시 '교실에서 아이들이 전혀 행복하지 않다'는 인식하에 '그렇다면 어떻게 해야 할까'를 탐구하는 것을 취지로 한 교사 모임이었어요. 외국에서는 행복학이 1990년대 말 태동했지만,

초등용《행복교과서》목차

1. **행복이란 무엇인가** 행복은 새로운 생활 습관을 배우는 것이다

누구와

2. **내가 만드는 행복** 행복은 나를 알고 사랑하는 데 있다
3. **가족과 만드는 행복** 행복은 가족에게 있다
4. **친구와 만드는 행복** 좋은 친구는 그 자체가 행복이다

무엇을

5. **목표 세우기** 목적이 이끄는 삶은 행복하다
6. **건강 지키기** 규칙적인 운동은 행복의 지름길이다
7. **몰입하기** 집중하는 마음이 행복하다

어떤 마음으로

8. **감사하기** 행복은 가진 것의 소중함을 느끼고 감사하는 데 있다
9. **나누기** 행복해지는 가장 좋은 방법은 다른 사람을 행복하게 하는 것이다
10. **사과하기** 사과는 행복한 관계를 위한 최고의 선물이다

한국 교육학계에는 전혀 알려지지 않은 상황이었거든요. 그래서 저도 안식년을 맞아 외국 대학으로 행복학을 연구하러 나가려던 참이었는데, 신문 기사를 통해 행복연구센터가 설립된다는 소식을 접하고 최인철 센터장님께 전화를 걸었죠. 뭐든 할 수 있는 일이 있다면 함께하고 싶다고요."

당시 행복연구센터의 고민은 연수에 참여한 교사들의 실질적인 문제에 답을 주는 것이었다. 많은 교사가 행복수업의 중요성과 필요성을 이해했지만, 워크숍이 끝나고 교실로 막상 돌아가서는 행복수업을 어떻게 해야 할지 몰라 막막하다고 토로했다. 특히《교사용 지도서》를 만들어 달라는 요청이 많았다. 이경민 교수의 제안을 흔쾌히 받아들인 최인철 센터장은 그에게《교사용 지도서》제작을 부탁했다. "교사들이 교과서만 가지고는 수업을 하기가 힘들어요. 이때《교사용 지도서》가 큰 도움이 되죠. 지도서는 교사가 행복수업 연수

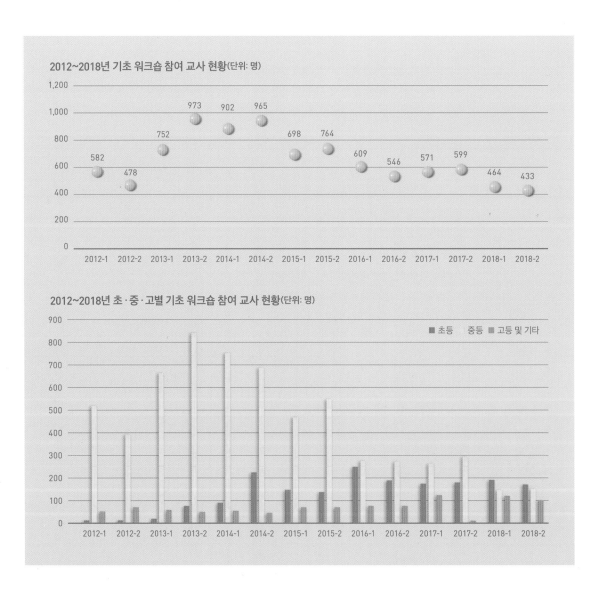

2012~2018년 기초 워크숍 참여 교사 현황(단위: 명)

2012~2018년 초·중·고별 기초 워크숍 참여 교사 현황(단위: 명)

행복교육,
대한민국 교사들의 마음에
파문을 일으키다

"교사 연수 프로그램에서 이런 대접은 처음 받아봐요.
내내 너무 감동받았습니다."
"행복수업 실습을 해보니까 제가 행복해지는 것 같아요."
"우리 아이들에게도 빨리 알려주고 싶어요."

행복교육은 어떻게 이토록 열광적인 반응을 불러일으킬 수 있었을까? 거기에는 어떤 사회적 맥락이 있었던 걸까? "당시 교사들이 행복교육에 폭발적인 반응을 보인 데에는 사회적인 맥락도 일정 부분 영향이 있었을 거예요. 2000년대부터 '웰빙'이 화두로 떠오르는 등 행복에 대한 관심이 사회적인 이슈로 부상했고, 2010년 전후로는 학교 폭력이 사회 문제로 대두되던 시기였죠." 더불어 워크숍에 참여한 교사를 중심으로 입소문이 퍼지면서 행복교육의 취지에 동의하는 교사가 늘어난 것도 이유였을 것이다. 최인철 센터장은 행복교육이 "교사들의 마음을 건드렸기 때문"이라고 말한다. "대부분의 교사는 자기 과목만 잘 가르치려고 교사가 되진 않아요. 다들 '진짜 스승이 되고 싶다'는 마음을 갖고 있는데, 현실에서는 그 마음을 살릴 기회가 별로 없죠. 그런데 행복수업 프로그램에서는 계속 그런 마음을 일깨워줘요. '행복교육은 담당 과목과 상관이 없다, 꼭 수업을 해야 하는 것은 아니다, 학생을 대하는 태도가 중요하다'와 같은 말들을 통해 교사가 자신의 정체성을 회복할 수 있게 되지 않았을까, 아마 이런 것도 요인으로 작용한 것 같아요. 행복교육을 정부나 교육부에서 주력 사업으로 지정해 톱다운Top-down 방

식으로 일반 교사에게 강요하는 형태였다면 이렇게 큰 호응을 얻지는 못했을 거예요. 강압적인 분위기에서 이미 반발심이 생기니까요. 우리는 원하는 학교를 중심으로, 원하는 교사를 중심으로 하겠다는 그 기조를 그때부터 지금까지 이어오고 있습니다."

그러나 뭐니 뭐니 해도 행복교육 워크숍이 큰 반향을 불러일으킬 수 있었던 것은 획기적이고 열정적인 운영 방식에 이유가 있다. '교사가 행복해야 학생이 행복하다'는 캐치프레이즈를 내건 만큼 교사에게 최선을 다해 좋은 것을 제공하겠다는 생각으로 임했던 스태프들도 한몫을 단단히 했다. 최인철 센터장은 "초창기 행복교육이 열렬한 호응을 얻을 수 있었던 가장 큰 이유는 콘텐츠에 있다"고 말한다. "당시만 해도 교사 연수 프로그램 대부분이 정형화돼 있었어요. 연수원에 들어가 형식적으로 강의를 듣고 나오는 식이죠. 그런데 우리 행복수업 워크숍은 굉장히 강렬한 동기 부여를 해준다고 할까요? 게다가 교과서, 파워포인트, 영상 자료 등 고급 콘텐츠를 모두 무료로 제공하고 연수에 오면 굉장히 좋은 강의를 들을 수 있었죠. 커피 한 잔도, 점심 식사도 모두 무료인데 최고급으로만 준비했어요. 갑자기 비라도 내리면 편의점에 가서 비닐우산을 사다 드리기도 하고요. 선생님들이 연수에 와서 '대접받는다'는 느낌을 처음 받은 것 같아요. 게다가 초기에는 '찾아가는 행복수업'을 하자고 방침을 정해서 방학만 되면 전국을 돌아다녔거든요. 이렇게 열심히, 정성을 다해 진행하는 것을 보고 프로그램 자체에 대한 입소문이 나기 시작했죠. 제 생각엔 그 힘이 가장 컸던 것 같습니다." (최인철 센터장)

2019년 행복교육 기초 워크숍

를 받고 나면 이론적인 배경에 관심을 갖게 되니, '행복에 대한 이론과 실질적으로 접목 가능한 교실 활동을 겸비한 책으로 만들자'는 목표로 작업했어요. 또 다양한 과목과 접목할 수 있는 방법을 찾아 달라는 요청이 많아, 일단 가장 접목하기 좋은 도덕, 국어, 창의적 체험, 상담 등의 담당 교사와 협업해 1차 개발 범위를 정했죠."(이경민 교수)《교사용 지도서》는 교과서에 등장하는 실존 인물과 실화, 문학작품 등에 관련된 보다 상세한 정보, 또는 연관

홍영일 팀장이 전하는
첫 번째 교사 연수
뒷이야기

2012년 1월 겨울. 100명의 교사가 모인 첫 번째 행복교육 교사 연수는 행복연구센터 스태프들에게 잊지 못할 순간이 됐다. 제주, 전라, 경상, 강원 등 전국 교사들이 이틀간의 행복교육 워크숍에 참여하기 위해 속속 서울대학교로 향하던 그때, 관악산 자락에 자리한 서울대학교에는 폭설이 내리고 있었다. 여기에 영하 15도의 한파까지 들이닥쳤다. "귀한 손님을 모신다는 생각으로 사소한 부분 하나하나에 공을 들였죠. 그런데 일기예보를 보니 큰일이더라고요. 연수 전날 저녁에 선생님들께 안내 문자를 보내는데, 얼마나 걱정이 되던지요. 한참을 고심하다가 '내일은 행복수업 교사 연수가 있는 날입니다. 아침 9시 서울대학교에서 열립니다. 영하 15도가 예보됐는데, 서울대는 더 춥습니다. 따뜻한 내복을 입고 오세요'라고 문자를 드렸어요. 그런데 이 문자가 제게 큰 감동이 돼 돌아왔습니다. 다음 날 접수대에서 선생님들이 문자 메시지가 참 고마웠다는 말을 그렇게 많이 하실 줄은 몰랐거든요."
문자 메시지로 따뜻한 교감을 나누며 참여 교사들에게 좋은 인상을 남기는 데 성공했지만 예상치 못한 해프닝이 벌어지기도 했다. "대규모 행사 진행은 처음이다 보니 좌충우돌이 많았죠. 일손이 모자라 가족과 지인, 서울

대 학생들에게도 도움을 청해야 했어요. 그런데 또 엄청난 사고가 하나 터졌죠. 갑자기 난방기가 고장 나서 강의실이 냉동 창고가 된 거예요. 학교 본부에 전화했더니 난방기를 고치려면 사흘은 걸린대요. 행복연구센터가 야심차게 준비한 행사인데 선생님들의 항의로 마무리되면 큰일이잖아요. 그런데도 달리 할 수 있는 일이 없어 발만 동동 구르고 있는데, 행사를 도우러 왔던 아내가 상황을 듣더니 빨리 차 키를 달래요. 그리곤 진행 요원들을 데리고 학교 근처 편의점을 모두 돌면서 핫팩을 잔뜩 사왔어요. 수량이 적어서 선생님 한 분 한 분께 모두 다 전해드리지 못했는데도, 쉬는 시간에 마주치는 분들마다 '얼마나 마음고생이 크냐'고 말씀하시며 우리 스태프들을 오히려 따뜻하게 위로해주시더라고요."
기초 워크숍 둘째 날에도 행복연구센터의 '행복한 교사 만들기' 작전은 계속됐다. 지방에서 올라와 서울대 게스트하우스에 숙박하고 있던 교사들에게 조간신문과 편지를 선물한 것이다. '먼 길 오셨습니다. 오늘도 저희는 의미 있는 워크숍을 만들도록 노력하겠습니다. 즐거운 아침 되세요. 최인철 센터장 배상.' 행복교육의 첫걸음을 행복을 직접 느끼는 것에서 시작했으면 하는 행복연구센터의 작은 배려, 그리고 그 배려를 열린 마음으로 받아준 참여 교사들의 마음이 서로에게 맞닿은 시간이었다.

2012년 행복교육 상반기 기초 워크숍

성 있는 다른 참고 자료를 추가하고, 교사가 쉽게 따라 하거나 응용할 수 있는 실질적인 활동 예시들로 채워졌다. 특히 교수법은 2011년 실시한 시범학교 행복수업에서 진행한 수업 예시를 선별해 충실하게 담아냈다.

《교사용 지도서》 개발과 더불어 교사들의 요구사항을 반영해 그에 따른 개선책을 내놓는 것도 행복연구센터의 과제로 떠올랐다. 중요한 이슈는 두 가지. 연수 포인트를 받을 수 있도록 정식 교사 연수 프로그램으로 만드는 것과 인정교과서 채택 문제였다. "행복연구센터의 기본 방침은 행복교육을 더 많이 알리는 것이 아니라 원하는 사람 누구나 참여할 수 있도록 한다는 데 있어요. 그래서 초기에는 '연수'라는 이름에 크게 얽매이지도, 그 형식을 고민하지도 않았죠. 인정교과서 문제도 마찬가지였어요. 그런데 연수 포인트와 인정교과서 문제는 워크숍에 참여하는 선생님 대부분이 지속적으로 요청해온 부분이었어요. 그래서 워크숍을 정식 교사 연수로 바꾸고, 서울시 교육청에 인정교과서 신청을 넣었죠." (최인철 센터장)

인정교과서 채택은 특히 중요한 문제였다. 점점 더 많은 수의 교사와 학교가 행복수업을 하고, 《행복교과서》를 신청하게 되면서 행복연구센터에서 이를 감당할 수 없는 상황에 이른 것이다. '교과서 무상 제공'이라는 초창기 원칙을 고수하기 힘들어지자 최인철 센터장은 한 가지 묘수를 냈다. "교과서뿐 아니라 수업 자료, 워크숍까지 모든 게 무료인데 신청 학교가 폭발적으로 늘면서 필요한 예산 역시 큰 폭으로 상승했어요. 이걸 어떻게 감당할까 고민이었는데, 얘길 들어보니 인정교과서로 한 번만 채택이 되면 학교에서 교과서 구입에 예산을 배정할 수 있다고 하더라고요. 2015년 2월에 서울시 교육청의 승인을 받아 인정교과서로 채택됐는데, 그 덕분에 각 학교에서 25%의 예산을 지원받을 수 있게 됐어요. 또 출판사에 지금까지 아무런 마케팅 없이 판매해온 것이나 다름없으니, 우리에게 50% 할인된 가격으로 공급을 해달라고 부탁했어요. 그리고 나머지 25%는 행복연구센터에서 부담하는 방식으로 해결했죠."

이 과정을 거치며 행복연구센터는 오히려 행복교육에 대한 열렬한 반응을 확인할 수 있었다. 기대 이상의 호응과 응원, 지지가 워크숍이 진행될수록 입소문을 타고 빠르게 번져갔다. 이에 후원자도 크게 고무됐다. 3년간 후원하기로 한 기존 약속에 이어 추가로 10년을 더 후원하기로 하고, 지원 규모도 대폭 확대한 것이다. 2012년 가을 무렵이었다. "참여 숫자로만 보면 '폭발적'이라고 말하기 어려울지도 모릅니다. 하지만 《행복교과서》 출판기념회 겸 강연회를 비롯해 첫 행복수업 교사 워크숍 참여자가 600명을 웃돈 것 등, 모든 게 우리의 기대를 훨씬 넘어선 것임엔 분명했어요. 그 덕분에 행복연구센터의 사업 규모 자체도 커질 수 있었다고 생각해요. 후원자마저 깜짝 놀라며 '이거 되겠다'고 하실 정도였으니까요. 덕분에 후원 금액이 크게 늘어나기도 했고, 그 힘으로 행복연구센터가 10년을 걸어올 수 있었다고 생각합니다." (홍영일 팀장)

행복교육 프로그램,
단계별 진화를
이루다

"행복교육이 학교 시스템 안으로 들어가려면 교사의 마음을 먼저 사로잡아야 했어요. 그리고 이들의 마음을 얻기 위해선 교사 연수를 완벽하게 진행하는 건 기본, 그 내용도 최고로 만들어야 한다고 판단했습니다. 이런 생각을 바탕으로 만든 캐치프레이즈가 '교사가 행복해야 학생이 행복하다'였어요."(최인철 센터장) 교사를 대하는 최인철 센터장의 이런 철학은 행복연구센터 교육 프로그램의 캐치프레이즈로, 다시 기초 워크숍으로 이어지며 행복교육의 초석이 됐다. 그러나 최인철 센터장은 교사 교육 프로그램의 다음 단계를 고민하지 않을 수 없었다. 기초 워크숍은 방학 중 이틀 동안 이뤄지는데, 이것만을 듣고 개강 후 학교 현장에서 곧바로 행복수업을 한다는 건 어불성설이었기 때문이다. 기초 워크숍 기간 동안 행복수업의 의지를 활활 불태우던 선생님들도 새 학기 시작과 함께 몰려드는 산더미 같은 업무로 인해 수업을 시작할 엄두를 내지 못했다. 또 막상 시작하려고 마음을 먹어도 어떻게 진행할지 막막하다고 호소했다. 행복교육 프로그램에 기초 워크숍 이상의 무언가가 필요하다는 뜻이었다.

그래서 만들어진 것이 행복수업 실습을 중심에 둔 심화 워크숍이었다. 《행복교과서》 10개 챕터를 순차적으로 실습할 수 있는 프로그램'으로 콘셉트를 잡고, 참여 교사 스스로가 학생이 되어 《행복교과서》를 배워나갈 수 있도록 하는 것이 심화 워크숍의 기본 방향. 여기에 교사가 지적인 재충전을 할 수 있는 '인문학 특강'을 추가해 커리큘럼을 완성했다.

행복교육 교사 연수
프로그램

STEP 1 행복교육 기초 워크숍 →

행복수업을 준비하고 있거나 관심 있는 이들이 가장 처음 접하게 되는 기초 워크숍은 행복연구센터의 대표적인 교육과정으로 자리 잡아 지금까지 9,336명의 교사와 만났다. 커리큘럼은 최인철 센터장의 행복심리학 이론 강의(6시간), 《행복교과서》의 구성 수업(초등, 중등/3시간), 행복수업 사례 발표(초등, 중등/3시간), 그리고 인문학 특강(2시간)으로 구성돼 있다. 교사 직무연수 형태로 1년에 두 차례, 방학 기간 동안 열린다.

STEP 2 행복교육 심화 워크숍 —

심화 워크숍은 《행복교과서》 9개 주제('행복이란 무엇인가' 제외)에 맞춰 실제 교실에서 진행될 수업 구성에 도움을 주기 위해 만들어졌다. 기초 워크숍과 마찬가지로 교사 직무연수 형태를 띠고 있다. 초창기의 심화 워크숍은 명사 초청 특강과 《행복교과서》 9개 챕터의 실습 워크숍으로 이뤄진 15시간 과정이었으나, 2019년부터 이론을 더 보강해 19시간 과정으로 개편했다. 현재는 한 달에 한 번, 《행복교과서》 3개 챕터에 관한 핵심 메시지와 이론, 그리고 이를 활용한 실습 과정을 6~7시간 동안 다룬다.

학기 중 한 달에 한 번, 5시간씩 총 15시간에 걸쳐 진행되는 심화 워크숍은 명사 초청 특강(6시간)과 《행복교과서》 9개 챕터('행복이란 무엇인가' 제외)를 주제로 한 실습 워크숍(9시간, 매달 3개 챕터 소화)으로 채워졌다. 심화 워크숍은 행복 교사들에게 무엇보다 필요했을, 지속적인 동기 부여를 제공하는 프로그램으로 회자되기 시작했다. 기초 워크숍으로 행복교육에 입문한 교사들이 심화 워크숍을 통해 보다 다양한 수업 방식을 배우고 나눌 수 있었기 때문이다.

이런 효과를 확인한 행복연구센터는 한발 더 나아가 남다른 학구열을 가진 행복 교사를 위한 또 하나의 전문 교육 프로그램 기획에 나섰다. 기초 워크숍, 심화 워크숍에 이어 2014년 만들어진 3단계 교육과정 '교사행복대학'이 그것이다. "기초와 심화 워크숍을 운영하면서 그 이상의 전문적인 과정이 필요하다는 것을 느꼈어요. 이제는 '행복교육 전문가'를 길러 내야 할 시점인데, 그러려면 조금 더 심도 깊은 트레이닝이 필요하겠다는 생각이 들었죠. 게다가 교사들이 심화 워크숍 인문학 강의에서 큰 자극을 받는 모습을 보니 번뜩 서울대학교 최고경영자과정과 같은 프로그램을 만들어보면 어떨까 하는 생각이 스치더군요." (최인철 센터장)

최인철 센터장은 심화 워크숍을 진행하면서 서울대학교 최고경영자과정을 벤치마킹한 교사행복대학의 구상을 시작했다. 최고경영자과정은 서울대학교 안에서 진행되는 여러 연

 STEP 3 교사행복대학

 STEP 4 행복연구세미나

교사행복대학은 기초 워크숍, 심화 워크숍의 다음 단계 교육과정이다. 두 워크숍이 실제 교실에서 적용할 수 있는 행복교육에 대한 이론과 실습에 집중한다면, 교사행복대학은 긍정심리학의 깊이 있는 이해와 다양한 인문학 특강 등을 마련해 교사에게 지적 자극과 재충전의 시간을 제공한다는 취지로 만들어졌다. 커리큘럼은 긍정심리학, 사회심리학, 청소년심리학 등 심리학 이론과 행복수업 설계와 실습, 인문학 특강, HTC 워크숍으로 구성돼 있으며, 이 중 인문학 특강은 서울대학교의 최고경영자과정을 벤치마킹해 각 분야 리더들의 명강의로 구성된다. 사회교사 직무연수 형태를 띠고 있으며, 학기 중 60시간 수업이 8회차에 걸쳐 이뤄진다.

행복교육 프로그램은 크게 기초 워크숍-심화 워크숍-교사행복대학까지 총 3단계로 완성되지만 행복교육에서 한발 더 나아가 긍정심리학을 화두로 삼은 네 번째 과정, 행복연구세미나도 존재한다. 일종의 '행복교육 대학원'인 셈이다. 행복연구세미나는 기초 워크숍부터 교사행복대학까지의 과정을 모두 마친 이들의 모임인 '행복수업연구회' 소속 교사 가운데 긍정심리학을 보다 심도 있게 공부하고자 하는 이를 대상으로 삼는다. 총 30시간에 걸쳐 진행되는 행복연구세미나는 긍정심리학 분야의 최신 해외 논문을 정해 함께 읽고 주요 내용을 분석한 뒤, 서울대학교 심리학박사 등 전문 지도교수와 함께 팀별 토론 시간을 갖는 과정 등으로 이루어져 있다. 2018년 2월에 1기가 출범해 2019년 2월 3기가 이 과정을 수료했으며, 커리큘럼의 난이도가 높은 만큼 소규모(최대 30명)로 진행된다.

수 프로그램 중에서도 손에 꼽는, 높은 수준의 강의 프로그램으로 유명하다. 최인철 센터장은 최고경영자과정처럼 고급 인문학 특강을 중심에 두되 긍정심리학과 심리학 이론 강의를 넣어 전문성을 강화하고, 행복 교사들 사이에 '교류의 장'으로써의 역할도 할 수 있는 프로그램을 만들자고 목표를 설정했다. 문제는 예산이었다. 주로 대기업 경영진과 임원을 대상으로 하는 최고경영자과정은 한 학기 등록금이 1천만 원여에 이를 정도로 고가의 프로그램이라 이를 그대로 적용할 수는 없었다. 행복연구센터 예산으로도, 교사 개인의 참가비로도 감당할 수 없는 수준이었기 때문이다. 최인철 센터장은 예산 문제를 해결할 수 있는 방안을 강구해야 했다. "교사행복대학을 1년 운영하는 데 거의 2억 원 가까이 들어요. 명사를 초청해 수준 높은 인문학 강의 프로그램을 꾸리려면 상당한 예산이 필요하거든요. 이 문제를 후원자께 상의했더니 그 소식을 듣고 SBS 문화재단에서 흔쾌히 나서주었어요. 교사행복대학을 후원하기로 한 거죠."(최인철 센터장) SBS 문화재단은 매 학기마다 후원금을 교사행복대학에 후원하기로 약속했다.

이것이 동력이 되어 행복연구센터는 2014년 3월, 교사행복대학 1기 모집에 나설 수 있었다. 우선 기초 워크숍과 심화 워크숍을 모두 수료한 교사를 대상으로 삼았다. 이후 매년 3월부터 6월, 9월부터 12월까지 1년에 두 차례씩 꾸준히 이어지고 있는 교사행복대학은, 이제 매 기수마다 100여 명이 참여할 정도로 인기 있는 프로그램으로 자리를 잡았다.

교사행복대학의 론칭부터 참여해 지금껏 운영을 담당해온 우정은 연구원은 "교사들의 변화를 가장 크게 느낄 수 있는 곳이 교사행복대학"이라고 말한다. "참여 교사들 가운데 사직서를 품 안에 넣고 다니다가, 또는 명예퇴직을 준비하다가 행복교육 워크숍을 듣고 변화를 경험했다는 분이 많아요. 그런데 일부 선생님은 학구열과 성장 욕구가 너무 커서 오히려 버거워 하기도 하더라고요. 행복수업을 잘해내고 싶다는 마음에 방학마다 쉬지 않고 연수를 받거나, 자료에 대한 욕심이 과해지면 행복교육이 오히려 부담이 되는 경우가 있어요. 그런데 이런 분들이 교사행복대학에 오면 얼굴이 환해집니다. 입학식 때 최인철 센터장이 항상 하는 당부가 있는데, '여기서 배운 걸 아이들에게 가르치려 하지 말고 선생님의 행복을 먼저 생각하라'는 거예요. 교사가 만족하고 즐거움도 느낀다면 아이들에게도 자연스럽게 그 에너지가 전달된다는 것이죠. 실제 어떤 선생님은 주중에 학교에서 에너지를 전부 소진했어도 토요일마다 교사행복대학에서 배우고 나면 잃어버린 힘을 되찾는다고 말해요. 새로운 주가 시작되면 이 힘으로 다시 아이들과 만날 수 있다고 하시더라고요. 이것이 교사행복대학의 의의가 아닌가 싶어요."

교사행복대학은 또 다른 면에서도 의미가 큰 프로젝트다. 자신이 마중물이 돼 '행복교육에 뜻을 같이하는 사람이 많아지면 좋겠다'는 후원자의 바람이 현실이 됐기 때문이다. 교사행복대학의 론칭에 결정적인 도움이 된 SBS 문화재단을 시작으로, 교사행복대학 인문학 강의를 계기로 인연을 맺은 벤처기업 '우아한형제들'까지 후원자로 나선 것이다. 우아한

형제들은 행복교육 프로젝트의 의의와 비전에 공감하며 사회공헌기금을 쾌척했고, 이 기부금은 현재 경력 10년차 미만의 교사를 대상으로 한 '교사행복대학 주니어' 지원금으로 활용되고 있다. 이는 젊은 교사들이 부담없이 행복교육을 접할 기회를 얻길 바라는 행복연구센터의 기대가 반영된 결과이기도 하다.

"저와 기부자들의 생각은 행복교육 프로젝트가 장기적인 과제라는 것이에요. 프로그램 초창기에는 참여 교사들이 시니어인지 주니어인지 등을 구분하지 않았지만 이제는 젊은 교사를 양성하는 일도 중요하다고 생각합니다. 장기적인 관점에서 바라보면 행복교육 프로그램에 참여하는 교사들 가운데서 교장, 교감 선생님이 배출될 수 있으니까요." (최인철 센터장)

온라인으로 확장된 행복교육 프로젝트

초창기 행복연구센터 스태프들은 주말과 방학을 모두 워크숍을 진행하는 데 할애하곤 했다. 그러나 이런 방식을 장기적으로 계속할 수는 없는 노릇이었다. 그렇다고 거리상의 문제로 행복교육 프로그램에 참여할 수 없는 교사들을 외면할 수도 없었다. 누구나, 언제든 행복교육 강의와 자료에 접근할 수 있도록 한 최소한의 배려와 장치가 필요했다. 이런 고민이 바로 행복교육 프로그램을 온라인으로 확장하게 된 결정적인 이유다.

행복연구센터의 온라인 프로그램 중 가장 먼저 론칭한 것은 원격 연수 프로그램 '티처빌'(www.teacherville.co.kr)과의 협업으로 만들어진 '대한민국 행복교육 프로젝트'다. 총 30시간 과정으로 이뤄진 이 프로그램은 크게 《행복교과서》 챕터별 이론 강의와, 이론을 토대로 한 수업 실습 강의로 이뤄진다. 이론 강의는 최인철 센터장이 직접 진행하고, 실습 강의에는 행복수업연구회 소속 선생님 12명이 참여했다. 특히 실습 강의는 교사마다의 선호에 따라 달라져야 하기에, '실습형'과 '이론형'의 예시를 마련해 각각 다른 방식으로 수업에 적용할 수 있도록 구성했다. 그리고 마지막에는 홍영일 팀장이 행복수업연구회 선생님들과 나누는 질의응답, '행복수업 설계'를 넣어 행복수업을 하면서 가질 만한 교사들의 궁금증을 해결하는 시간을 마련했다.

2017년부터는 온라인 공개강좌 서비스 '케이무크'(www.kmooc.kr)로 최인철 센터장의 '행복심리학 강좌'를 만날 수 있도록 했다. 최인철 센터장의 행복심리학 프로그램을 일반인도 공부할 수 있도록 하고 싶다는 서울대학교 교수학습센터의 제안에서 시작된 케이무크 서비스는, 행복에 대해 공부하길 원하는 초심자들의 '입문용 강의'로 유명하다. 일반인을 대상으로 한 무료 강좌이기 때문이다. 주요 내용은 행복의 정의와 결정 요인들, 행복한 국가와 사회의 특징, 행복 증진법 등으로, 행복을 아는 것과 행복을 실천하는 것을 두루 경험할 수 있도록 하는 데 중점을 두고 있다. 행복연구센터에서는 현재 2~3년을 주기로 새로운 동영상을 제작해 케이무크에 제공한다는 방침을 세우고 서비스를 운영 중이다. 이 밖에도 행복연구센터가 주최하는 모든 워크숍 프로그램은 동영상으로 촬영, 편집해 웹하드에 공유함으로써 워크숍에 참여한 교사라면 누구나 이를 활용할 수 있도록 돕고 있다.

행복교육,
'효과'를 논하다

"누군가 인생의 어느 시점에서 행복교육을 통해 배운 걸 떠올려 긍정적인 방향으로 결정을 내리게 된다면 그것으로 만족합니다. 또 교사들이 자신의 정체성을 회복하고 만족을 느낀다면, 그로 충분하고요. 선생님들께 너무 효과에 집착하지 말라고 자주 얘기해요. 행복교육은 단기간에 성과를 얻을 수 있는 게 아니거든요. 하지만 저희가 진행한 연구에 의하면 행복수업을 받은 학생들의 행복도는 분명 올라갑니다. 여기서 중요한 변수는 '지속성'이에요. 교육은 원래 지속성이 필수입니다."(최인철 센터장) 행복연구센터는 애초부터 '행복교육의 효과'를 밝히는 데 큰 관심을 두지 않았다. 긴 시간을 들여 꾸준히 이어져야 하는 교육 분야인 데다, 교육 환경에 따른 변수가 여타 과목보다 많은 수업이기 때문이었다. 하지만 행복연구센터가 어느덧 10년의 역사를 채운 만큼, 그동안의 교육 성과를 확인하기 위한 움직임이 서서히 시작되고 있다.

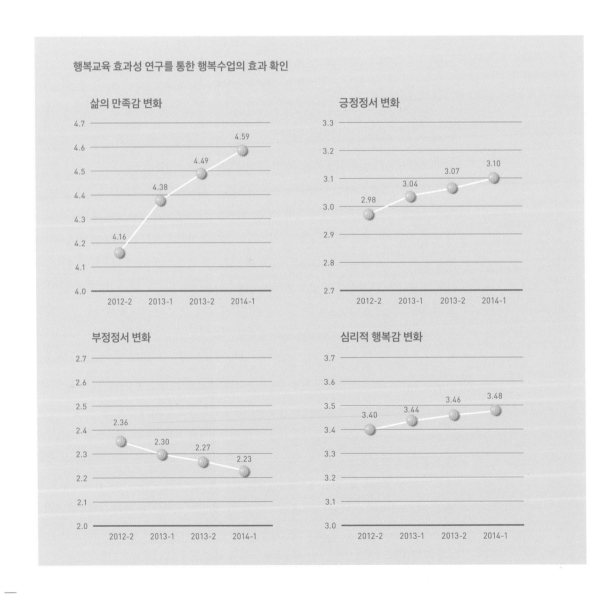

최근 행복연구센터가 가장 고심하고 있는 분야가 바로 행복교육의 효과성 연구다. 지난 10년이 행복교육의 방법을 개발하고 알리는 시간이었다면 이제는 행복교육의 필요성을 과학적으로 입증해야 할 단계라고 판단했기 때문이다. 그동안 행복연구센터가 행복교육의 효과성을 확인해온 건 '수업 모니터링'을 통해서였다. 2013년 상반기부터 시작한 모니터링 사업은 교사들이 과연 행복연구센터가 그리는 방향대로 수업을 진행하고 있는지, 실제 아이들은 행복수업을 어떻게 생각하는지를 점검하기 위한 기초 단계의 효과성 연구라고 할 수 있다. 모니터링 방식은 간단하다. 담당 선생님의 수업을 참관한 뒤, 교사와 학생을 심화 인터뷰하는 것이다. 교사와의 인터뷰를 통해서는 워크숍에서 공부한 내용을 수업에 잘 적용하고 있는지, 행복수업을 할 때의 어려운 점은 무엇인지 등을 확인하는 작업이 중심이 된다. 반면 학생을 대상으로 한 심화 인터뷰는 수업 시간 중 아이들의 반응을 살펴 수업에 적극적으로 나서는 학생과 참여율이 저조한 학생 등을 고루 대상으로 삼는다.

행복수업 교실의 반응은 열광적이었다. "아이들이 보인 가장 큰 반응은 행복수업이 정규 수업이 아니라 시험을 보지 않는다는 점이 좋다는 것이었어요. 또 행복수업의 경우, 모둠활동이 많다 보니 다른 수업에는 적극적이지 않던 아이들도 적극적인 모습을 보이는 경우가 많았어요. 행복수업 실시 전과 후, 무엇이 달라졌느냐는 물음에는 '행복에 대해 잘 알게 됐다, 감사하는 마음이 행복인 줄 몰랐는데 수업을 통해 알게 됐다'는 등의 반응이 돌아왔죠. 이제까지는 행복이 추상적인 것인 줄로만 알다가 수업을 통해 행복이 구체적인 것이란 걸 알게 된 거죠."(우정은 연구원) 그러나 모니터링만으로는 행복교육의 효과를 과학적으로 입증하기 어려웠다. 그래서 실시한 것이 '행복교육 효과성 연구를 통한 행복수업의 효과 확인'이다. "행복연구센터의 첫 번째 효과성 연구라 할 만한 이 연구는 현재 대구 황금중학교 교장인 한원경 선생님이 경북대 사대부중에 계실 때 도움을 받아 진행했어요. 중학교 1학년생이 3학년이 될 때까지 3년 연속으로 행복감을 측정해 만들어진 데이터라는 점에서 특히 의미가 큽니다."(홍영일 팀장) 이 연구는 2년에 걸쳐 행복수업을 이수한 중학생을 대상으로 반복적으로 행복감을 측정해 자료를 수집한 종단 연구다. 행복연구센터는 2012년 9월 경북대 사대부중 전교생 759명을 대상으로 행복감을 측정하고, 당시 1학년이던 학생 266명을 대상으로 중학교 3학년이 되는 2014년까지 매 학기마다 반복적으로 행복감을 측정해 행복수업 이전과 이후의 변화를 분석했다.

2년에 걸친 추적 조사 결과, 행복수업에 지속적으로 참여한 학생이 그렇지 않은 학생에 비해 행복의 제반 요소(①삶의 만족감 ②긍정정서 ③부정정서 ④심리적 행복감 등)에서 통계적으로 유의미한 상승 효과가 있음을 확인할 수 있었다. 삶의 만족감(5점 만점 기준)의 경우 4.16점에서 출발해 4분기에는 4.59점까지 상승했고, 긍정정서는 2.98점에서 미미한 폭이지만 꾸준히 상승해 3.1까지 올라갔다. 반대로 부정정서는 2.36점에서 2.23점까지 서서히 하락한 것으로 나타났다. 전체적인 행복감을 나타내는 심리적 행복감 역시 3.4점에서 3.48점까지 상승, 작

주관적 안녕감 설문 A문항 (삶의 만족도)	문항	내용	전혀 아니다 ← 보통이다 ← 매우 그렇다
	A1	전반적으로 나의 삶은 내가 생각하는 이상적인 삶에 가깝다	① ② ③ ④ ⑤ ⑥ ⑦
	A2	나의 삶의 조건은 매우 훌륭하다	① ② ③ ④ ⑤ ⑥ ⑦
	A3	나는 나의 삶에 만족한다	① ② ③ ④ ⑤ ⑥ ⑦
	A4	지금까지 살아오면서 나는 원했던 것들을 모두 얻었다	① ② ③ ④ ⑤ ⑥ ⑦
	A5	만약 다시 태어난다면, 지금 그대로 아무것도 변하지 않았으면 좋겠다	① ② ③ ④ ⑤ ⑥ ⑦

주관적 안녕감 설문 B문항 (PANAS)	문항	내용	전혀 아니다 ← 보통이다 ← 매우 그렇다
	B1	흥미진진한	① ② ③ ④ ⑤
	B2	짜증 난	① ② ③ ④ ⑤
	B3	괴로운	① ② ③ ④ ⑤
	B4	정신이 맑게 깨어 있는	① ② ③ ④ ⑤
	B5	신나는	① ② ③ ④ ⑤
	B6	부끄러운	① ② ③ ④ ⑤
	B7	화난	① ② ③ ④ ⑤
	B8	감명받은	① ② ③ ④ ⑤
	B9	강인한	① ② ③ ④ ⑤
	B10	불안한	① ② ③ ④ ⑤
	B11	죄책감 드는	① ② ③ ④ ⑤
	B12	단호한	① ② ③ ④ ⑤
	B13	겁에 질린	① ② ③ ④ ⑤
	B14	집중하는	① ② ③ ④ ⑤
	B15	적대적인	① ② ③ ④ ⑤
	B16	조바심 나는	① ② ③ ④ ⑤
	B17	열정적인	① ② ③ ④ ⑤
	B18	활기찬	① ② ③ ④ ⑤
	B19	자랑스러운	① ② ③ ④ ⑤
	B20	두려운	① ② ③ ④ ⑤

주관적 안녕감
계산법

SWB=LS+PA-NA
1. 삶의 만족도(LS: Life Satisfaction): 개인의 행복감을 구성하는 인지적 요인으로서 5문항으로 측정.
2. 긍정정서(PA: Positive Affect): 개인의 행복감을 구성하는 정의적 요인으로 10문항으로 측정.
3. 부정정서(NA: Negative Affect): 개인의 행복감을 구성하는 정의적 요인으로 10문항으로 측정.

삶의 만족도(LS)=(A1+A2+A3+A4+A5)÷5
긍정정서(PA)=(B1+B4+B5+B8+B9+B12+B14+B17+B18+B19)÷10
부정정서(NA)=(B2+B3+B6+B7+B10+B11+B13+B15+B16+B20)÷10

지만 분명한 효과가 있음이 드러났다. "이 연구를 통해 행복수업에 꾸준히 참여한 학생들의 행복감이 지속적으로 상승한다는 걸 확인할 수 있었습니다. 행복수업을 꾸준히 실시하는 것이 학생들의 인성 함양에도 도움이 된다는 의미죠. 이는 최인철 센터장님이 강조하는 '지속적인 행복수업의 효과'를 증명하는 것이기도 합니다." (홍영일 팀장)

경북대 사대부중의 행복수업 효과성 연구는 한원경 교장이 학교를 떠나며 자연스레 중단됐다. 하지만 행복연구센터는 이후 보다 체계적인 효과성 연구 방법을 구상하기 시작했다. 그리고 2018년, 더욱 본격적인 효과성 연구 프로젝트 '연구학교 1기'를 실시하기에 이른다. 행복연구센터에서 교육과정 기획개발과 함께 행복교육 효과성 연구를 담당한 박복미 연구원은 "모니터링이 행복교육이 불러온 학생들의 변화를 시각적으로 파악하는 정성적 연구 방법이라면, 연구학교는 구체적으로 어떤 효과를 가져오는지를 데이터화해보자는 관점으로 접근한 것"이라고 설명한다. 연구학교를 진행하는 방법은 다음과 같다. 담당 교사들에게 가급적 《행복교과서》에 맞춰 적어도 5회 이상의 행복수업을 하도록 하고, 학생들에게는 수업 전과 후의 감정을 조사하는 설문지를 작성하도록 한다. 그리고 사전과 사후에 유의미한 감정의 변화가 있는지를 통계적으로 검증하는 것이다.

그렇다면 행복은 어떻게 측정할 수 있을까? 행복연구센터에서는 주관적 안녕감Subjective Well-being을 측정해 연구학교에 적용하고 있다. 주관적 안녕감은 행복을 '삶의 만족'과 '정서'로 구분하고 있으며, 이는 행복연구에서 가장 널리 사용되는 행복 측정법이다. 우선 삶의 만족을 측정하는 도구는 삶의 만족도Satisfaction With Life Scale, SWLS로 이는 5개 문항으로 구성된다. 반면 정서를 측정하는 도구는 정적정서 및 부적정서 척도Positive Affect and Negative Affect Schedule, PANAS인데, PANAS의 경우 긍정정서와 부정정서 각 10개 항목의 감정을 일정 기간 동안 얼마나 자주 경험했는지를 조사해 측정한다. 이들 방법은 개개인마다 느끼는 감정의 상태를 바탕으로 하기에 절대값이 아닌 상대적이고 주관적인 점수로 나타날 수밖에 없다. 때문에 '사람들 사이의 차이를 측정하는 것'과 '변화를 측정한다'는 측면에서 의미를 갖는다. 주관적 안녕감의 결과를 도출하기 위해서는 먼저 조사 대상자에게 두 가지 설문을 통해 25개 항목의 점수를 매기도록 해야 한다. A문항은 삶의 만족도로 설문자가 스스로의 삶에 대해 생각하는 것과 일치하는 정도를, B문항은 PANAS로 최근 1개월간 느낀 기분의 정도를 점수로 나타낸 것이다. 이 설문을 바탕으로 삶의 만족도, 긍정정서, 부정정서를 계산할 수 있는데, 삶의 만족도와 긍정정서는 측정값이 높을수록, 부정정서는 낮을수록 주관적 안녕감, 즉 전반적인 행복감이 높다고 볼 수 있다. PANAS의 세부 정서를 살펴보면 행복과 불행이라는 피상적인 감정이 아닌 구체적이고 포괄적으로 인간의 만족감을 나타낼 수 있는 감정이 포함돼 있음을 알 수 있다. 이는 곧 행복감이란 단순히 쾌락을 추구해 얻을 수 있는 것이 아니라 자부심, 성취감 등 보다 큰 가치를 포함한다는 것을 의미한다.

2018년 2학기에 처음 실시된 연구학교 1기는 행복수업연구회 소속 주민정 선생님의 협조를 통해 구산중학교 학생 155명을 대상으로 이뤄졌다. 이제 막 첫발을 뗀 효과성 연구였지만 결과는 분명했다. 주관적 안녕감 중 삶의 만족도와 긍정정서에서 유의미한 변화가 나타난 것이다. 학생들의 삶의 만족도는 5점 만점 기준, 4.2381점에서 4.6340점으로 상승해 행복수업 참여 전보다 7.9%가 높아졌고, 긍정정서도 5점 만점 기준 3.0803점에서 3.2852점으로 4.9%가 상승했다. 또 심리적 안정감도 3.4645점에서 3.5777점으로 2.2% 높아진 것으로 나타났다. 반면 부정정서는 2.4124점에서 2.3607점으로 1% 감소해 미미하지만 변화를 보였다.

박복미 연구원은 연구학교 1기는 모든 것이 완벽하게 준비된 상태로 진행된 조사는 아니었다고 말한다. "담당 선생님께 《행복교과서》 내용을 중심으로 해달라는 가이드라인만 준 상태에서 진행했기 때문에 선생님들의 역량에 따라 결과값이 달라질 수도 있었어요. 그럼에도 불구하고 결과는 꽤 유의미하게 나타났죠. 또 행복교육을 주제로 한 본격적인 데이터 수

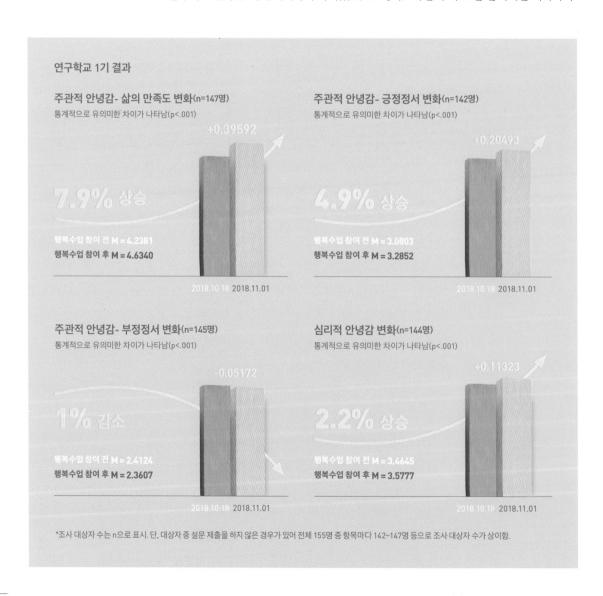

연구학교 1기 결과

주관적 안녕감- 삶의 만족도 변화(n=147명)
통계적으로 유의미한 차이가 나타남(p<.001)

+0.39592

7.9% 상승

행복수업 참여 전 M = 4.2381
행복수업 참여 후 M = 4.6340

2018.10.18 2018.11.01

주관적 안녕감- 긍정정서 변화(n=142명)
통계적으로 유의미한 차이가 나타남(p<.001)

+0.20493

4.9% 상승

행복수업 참여 전 M = 3.0803
행복수업 참여 후 M = 3.2852

2018.10.18 2018.11.01

주관적 안녕감- 부정정서 변화(n=145명)
통계적으로 유의미한 차이가 나타남(p<.001)

-0.05172

1% 감소

행복수업 참여 전 M = 2.4124
행복수업 참여 후 M = 2.3607

2018.10.18 2018.11.01

심리적 안녕감 변화(n=144명)
통계적으로 유의미한 차이가 나타남(p<.001)

+0.11323

2.2% 상승

행복수업 참여 전 M = 3.4645
행복수업 참여 후 M = 3.5777

2018.10.18 2018.11.01

*조사 대상자 수는 n으로 표시. 단, 대상자 중 설문 제출을 하지 않은 경우가 있어 전체 155명 중 항목마다 142~147명 등으로 조사 대상자 수가 상이함.

집이 시작됐다는 점에서도 의미가 있었습니다." 그러나 다른 한편으로는 연구학교 결과에 과도하게 기대지 말라는 조언도 잊지 않았다. 행복감은 개인의 상황, 학교와 사회 분위기의 영향도 받기 때문이다. "시험이나 폭염, 또는 아이들을 자극하는 여러 사건 등 다양한 요인이 영향을 미쳐 행복수업이 유의미한 변화를 이끌어내지 못하거나, 오히려 학생들의 행복감이 낮아질 수도 있어요. 그런데 교사들이 자칫 연구학교 결과에만 매달려 자신의 수업이 효과가 없을 경우 쉽게 좌절하거나 수업 의지를 잃을까 봐 조심스러워요." 그는 만약 연구학교 결과 학생들의 행복도가 떨어졌다면 오히려 행복감이 왜 낮아졌는지에 대한 고민을 바탕으로 다음 수업을 준비할 수 있어야 한다고 생각한다. "연구학교의 단기적인 목표는 보다 정교한 조사 환경을 만들어 행복감을 측정하고 그 결과를 논문으로 발표하는 것이지만, 장기적인 목표는 연구 결과를 수업 설계에 접목해 행복교육 가이드라인을 만드는 것이에요."

최인철 센터장은 여기서 한발 더 나아가 '행복교육 최적의 조건'을 찾는 데 연구학교와 효과성 연구의 초점을 맞출 생각이다. 전체적으로 봤을 때 분명한 효과가 드러나지 않더라도 특정 조건의 학생과 교사가 만났을 때 행복교육이 효과를 나타낸다면 그 조건이 무엇인지를 찾아낼 수 있다는 것이다. "설문지를 통한 사전 사후 행복감 조사에서 그친다면 효과를 표면적으로만 파악하게 되죠. 그런데 행복수업의 진짜 효과는 숨겨져 있을 가능성이 많아요. 행복수업이 모두에게 두드러진 효과를 보이는 것은 아니거든요. 학생과 교사가 변수가 될 수도, 심지어 학교가 변수로 작용할 수도 있어요. 그러니까 어떤 변수들이 조합됐을 때 최적의 결과가 나오는지를 알아내기 위해 연구학교가 필요한 것이죠." 그는 학교장의 적극적인 협조와 학부모의 동의를 얻어야만 수집 가능한 학생들의 성적, 교사들의 학생 관찰일지 등 종합적인 데이터를 확보하고, 이를 분석해 행복교육의 사전 사후 변화를 파악하는 방법이 가장 이상적인 연구학교의 모델이라고 말한다. 또한 이런 과정을 오랜 시간에 걸쳐 종단 연구로 지속할 수 있는 방안을 모색하고 있다. "예를 들면 '행복수업을 받은 중학생이 이번 학기에만 좋아지는 게 아니라 학년이 올라가고 고등학생이 되어도 꾸준히 행복감을 느낄 수 있다', 혹은 '1학년 때만 행복수업을 받으면 효과가 얼마 가지 않지만 2학년까지 연달아 들으면 행복감이 오래 간다', 또는 '3년 내내 행복수업을 받은 아이들이 훨씬 더 효과가 좋다'와 같은 결론은 특정 학교의 적극적인 협조 아래 종단 연구를 해야만 얻을 수 있는 내용이에요."

다행히 2019년 1학기에 실시한 연구학교 2기에서는 대구 황금중학교 한원경 교장 선생님의 적극적인 협조가 이뤄져 보다 의미 있는 성과를 얻을 수 있을 것이라고 기대하고 있다. 우선 전 학년에서 행복수업을 실시해 조사 규모를 800여 명으로 대폭 확장했다. 구체적으로는 1, 2학년 전체에 행복수업을 실시하고, 고교 진학 문제로 행복수업을 할 여건이 되지 않는 3학년에서는 '감사하기' 챕터를 진행해 효과성 연구에 포함시켰다. 또 학생뿐 아니라 총 6명의 담당 교사도 처음으로 사전 사후 행복도 조사 설문을 진행했다. 행복연구센터는 연구학교 2기의 설문 결과를 종합한 뒤 연내 리포트로 작성해 발표할 예정이다. ✂

최인철
행복연구센터장

"행복교육과 함께 나 역시
성장했다"

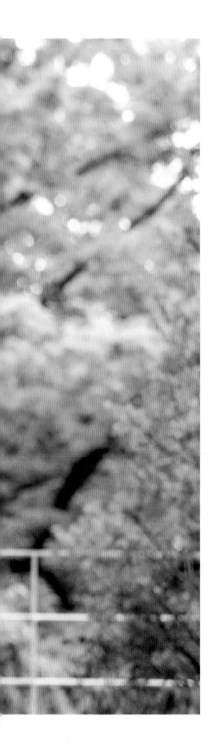

최인철 행복연구센터장은 서울대학교 행복연구센터가 문을 연 2010년 1월 1일부터 지금까지 센터를 이끌고 있다. '행복도 학교에서 가르칠 수 있다'는 생각은 지난 10년 동안 《행복교과서》로 체계를 잡았고, 교사 워크숍으로 목소리를 키웠으며, 시범학교를 통해 교육 현장으로 소개됐다. 그리고 지금은 전국의 수많은 교실에서 행복교육이 '현재 진행형'으로 이뤄지고 있다. 행복교육을 가능성에서 현실로 빚어내기까지 어떠한 과정을 거쳐왔는지 최인철 센터장에게 직접 물었다. 학교 안에서의 행복교육에 집중해온 그는 이제 학교 밖 행복교육을 또 다른 가능성으로 바라보고 있다.

사진·조지영

행복연구센터는 행복을 연구하고 가르치는 곳이다. '행복'은 긍정심리학에서 주로 다루는 주제인데.

행복연구센터를 설립하기 전부터 긍정심리학을 연구한 건 아니었다. 내 전공은 사회심리학인데, '인간의 행동을 연구한다'는 측면에서 사회심리학과 긍정심리학은 맞닿은 부분이 많다. 행복연구센터를 시작할 무렵만 해도 우리나라에서 '행복교육'은 매우 낯선 개념이었다. 세계적으로도 사례가 많지 않았다. 교육의 효과성을 먼저 따졌다면 아마 시작하지 못했을지도 모르겠다. 하지만 '행복을 가르치는 게 과연 효과가 있을까?'라는 질문에 답하려면 일단 해보는 수밖에 없었다. 행복연구센터의 시발점이 된 후원자는 행복을 깊게 연구해 이를 통해 사회에 공헌하길 바랐고, 우리가 생각한 최선의 방법은 행복에 관한 책을 만들어 보급하는 것이었다. 행복연구센터의 큰 틀이 연구와 교육이 된 배경이다. 깊이 있게 연구하고 교육을 통해 이를 확산하는 것. 행복연구센터를 키워드로 설명한다면 '심화와 확산'을 꼽을 수 있을 것이다.

긍정심리학도 교육학도 주 전공 분야는 아니다. 행복연구센터 설립이 '도전'으로 느껴지는 이유다.

내가 만약 사범대학 교수였다면 지금처럼 하진 못했을 것 같다. 예를 들어 교과서만 하더라도 정형화된 집필 형태가 있고 정규 과목 유무 등 고민할 게 많은데, 교육학을 전공해 여기에 정통했다면 이런 부분을 고민하느라 오히려 진행이 더 뎠을 듯하다. 지금처럼 '맨땅에 헤딩'하듯 교과서를 개발하고, '안 될 이유가 없다'는 태도로 일하진 못했을 게 분명하다. 대신 교과서를 개발하는 과정에 교육 전문가들을 초대해 부족한 부분을 메웠다. 서울시 교육감과 교육부장관을 역임한 문용린 교수와 그의 팀이 교과서 개발의 상당 부분을 도왔고, 부산 동의대학교 유아교육과의 이경민 교수가 《교사용 지도서》를 집필했다.

행복연구센터는 하버드대학의 그랜트 스터디Grant Study를 롤모델로 삼은 걸로 안다.

행복연구센터를 준비할 당시만 해도 참고할 만한 연구소는 세계 어디에도 없었다. 다만 연구만 놓고 봤을 땐 하버드대학교의 그랜트 스터디가 눈에 띄었는데, 70년 넘게 이어온 종단 연구longitudinal study라는 점이 가장 특징적이었다. 행복연구센터 후원자에게 행복연구가 '적어도 50년은 이어져야 한다'고 주장한 것도 같은 맥락에서다. 현재 긍정심리학을 가장 활발하게 교육하는 곳은 마틴 셀리그먼 교수가 있는 펜실베이니아대학교UPenn(유펜) 긍정심리학 전문 대학원이다. 이곳은 학교뿐 아니라 기업과 일반인을 대상으로 한 행복교육도 진행한다. 또한 직접 행복교육을 하길 원하는 이들을 학생으로 받아 프로그램을 지원하고, 교육 현장으로 파견하는 형태의 프로그램도 갖추고 있다. 미국 캘리포니아의 버클리대학교에는 행복연구센터와 흡사한 그레이터 굿 사이언스 센터Greater Good Science Center가 있는데, 교육보다는 행복에 관한 심도 깊은 연구에 방점을 둔 곳이다. 흥미로운 건 중국이다. 중국에서는 베이징에 자리한 칭화대학교 심리학과를 중심으로 행복교육이 이뤄지고 있다. 행복연구센터의 방향과 비슷한데, 그 중심을 잡고 있는 교수가 나와 함께 미국에서 공부한 친구다. 우리 둘 다 긍정심리학을 전공하지 않았는데도 비슷한 시기에 한국과 중국에서 행복교육 프로그램을 이끌고 있다니, 재미있는 우연 같다. 현재 중국에서 행복교육은 확산 속도가 매우 빠르고, 확장 범위 또한 상당히 넓다.

자유롭게 교육하라

행복연구센터 설립 후 1년여 만에 《행복교과서》가 나왔고, 이후 교사를 대상으로 한 워크숍이나 시범학교 모집 등에서 호응이 상당했다. 교육 현장에서 이만큼 빨리 관심을 보였다는 건 그 당시의 사회적인 배경도 영향이 있었다는 의미 같은데.

학교 폭력이 학교를 벗어나 사회적인 문제로 떠오르던 때였다. '학교 폭력을 해결하기 위한 방법'을 찾기 위해 행복교육에 관심을 둔 교사나 학교가 분명 있었다. 하지만 교사 워크숍이 큰 호응을 얻을 수 있었던 건 기본적으로 행복교육의 취지가 좋고, '진짜 스승이 되고 싶다'는 교사들의 마음을 건드린 덕분이라고 생각한다. 지난 10년간 행복연구센터의 캐치프레이즈는 '교사가 행복해야 학생이 행복하다'였다. 정형화된 여느 연수들과는 달리 콘텐츠 하나하나에 심혈을 기울였고, 워크숍 기간 동안 교사를 존중하고 대우했다. 이로 인해 워크숍 프로그램 자체가 입소문을 얻은 것이 짧은 기간 안에 성장할 수 있었던 동력이 된 것 같다. 그러나 행복연구센터의 기본 태도는 '낮은 목소리low-key'를 유지하는 것이다. 드러나게 홍보하기보다 행복교육을 원하는 이들이 자발적이고 능동적으로 함께하길 바란다.

현재 행복교육을 실천하고 있는 '행복 교사'는 대체로 어떤 분들인가?

통계적으로는 여성 선생님 비율이 남성보다 압도적으로 높고, 은퇴를 앞둔 교사가 많은 것도 특징이다. 교사들의 한결같은 반응은 '행복교육을 하니 내가 행복하다'는 것이다. 또 명예퇴직을 고민하던 교사가 행복교육을 통해 새로운 목표를 발견하고, 생각을 바꿔 교직을 이어가기로 결심하는 경우도 꽤 있었다. 세대 차이 등으로 학생과 소통하는 데 어려움을 겪던 교사들도 행복수업을 통해 학생과의 거리를 많이 좁힐 수 있었다고 한다. 지역별로는 서울 강남권에 자리한 학교의 교사 워크숍 참여율이 현저히 낮다는 게 특징적이다. 정확한 이유를 분석해 본 건 아니지만 입시 등 다방면에서 교사가 받는 압박이 다른 지역보다 높은 게 원인이지 않나 생각한다. 행복수업을 진행하는 학교 가운데 상당수가 지방에 자리하고 있는데, 행복수업이 교육의 지역 격차를 해소하는 데 조금이나마 보탬이 되었으면 하는 마음도 있다.

교사 개인의 관심도 필요하지만 영향력 면에서 교장 혹은 교감처럼 학교 운영을 책임지는 이들이 행복교육에 관심을 갖는 게 중요할 듯하다.

대구 황금중학교의 한원경 교장 선생님 같은 경우가 좋은 예다. 행복교육을 전 과목에 적용한 것은 물론 학교 문화와도 접목했다. 열린 마음으로 행복교육을 이어가고 있는 사례라 할 만하다. 실제 '교장, 교감을 대상으로 한 교육연수를 만들어 달라'는 교사들의 요청도 있는데, 현재로선 크게 고려하고 있진 않다. 자칫 '다른 학교가 하니까 우리도' 혹은 '교장 선생님이 시켜서' 하는 행복교육이 될 여지가 있어서다. 위에서 아래로 지시하는 형태, 권위에 의한 행복교육은 좋은 방식이 아니다. 개인적인 바람은 스스로 선택해 행복교육을 실천 중인 지금의 행복 교사들이 훗날 교장 혹은 교감이 돼 행복교육을 더욱 적극적으로 펼쳐 가는 것이다. 앞서 말한 것처럼 행복연구센터는 종단 연구를 중요하게 생각하고, 교육사업 역시 긴 호흡으로 바라보고 있다. 또 행복교육이 교육 현장에 자리 잡는 데 최소 25년은 필요하다고 생각하는데, 그렇다면 지금의 30~40대 선생님들이 충분히 교장이나 교감이 될 수 있는 시간이다. 은퇴를 앞둔 교사가 행복교육을 통해 교육자로서의 의미를 되찾는 것도 중요하지만, 경력 10년차 미만의 젊은 교사가 행복교육에 더 많이 함께하길 바라는 이유이기도 하다.

미래 세대의 가치관 형성에 도움을 준다는 점에서 생각하면 정부 차원의 지원을 받을 법도 하다.

행복교육이 알려지기 시작하면서 지난 정부에서 먼저 연락을 해온 적이 있다. 그런데 '이러이러한 부분이 더 들어가면 좋겠다'는 얘기를 했다. 정부 지원을 받으려면 아무래도 이런 요구들을 받아들여야만 한다. 그러나 지금까지 만들어온 것을 바꿀 수도 없고, 진정성도 느껴지지 않아 함께하지 않기로 결정했다. 앞서 행복교육의 자발성과 능동성을 얘기했는데, 이와 같은 맥락에서 가급

적이면 정부 주도의 톱다운top-down 방식으로는 접근하고 싶지 않다. 설령 행복교육 확장에 효과적이라 하더라도 자율성을 침해한다면 의미가 없다고 믿기 때문이다. 행복교육을 원하는 학교, 기꺼운 마음으로 행복교육을 실천할 교사를 중심으로 하겠다는 행복연구센터의 기조는 10년간 변함이 없다.

행복교육의 자율성을 거듭 강조했다. 그럼에도 불구하고 행복수업 현장에서 꼭 지켜졌으면 하는 것이 있다면?

행복수업은 행복을 가르치는 수업이지 '행복한 수업'이 아니라는 것이다. 행복수업이라고 해서 다른 수업과 다를 건 없다. 즉, 모든 과목이 수업 시간에 전달해야 할 핵심 내용이 있는 것처럼 행복수업 또한 이 핵심 메시지를 놓쳐선 안 된다. 간혹 활동activity에만 지나치게 치중해 해당 수업의 목표가 흐려지는 경우를 볼 때가 있다. 또 행복수업을 진행하는 교사 개인에게 맞는 교수 방법을 택하는 것이 중요하다. 활동 수업으로 풀어가는 게 쉽고 효과도 높은 교사라면 이를 중심으로 수업의 전체적인 틀을 짜고, 논리적인 설명에 강한 교사라면 그것에 맞게 수업을 진행했으면 한다. 한 가지 덧붙여 강조하고 싶은 건 행복수업의 경우 여러 번 하는 게 중요하다는 것이다. 자주, 그리고 끝까지 해봐야 자기만의 방법이 생기고 수업 효과도 얻을 수 있다. 한두 학기 정도 진행하고 기대한 만큼의 변화가 생기지 않는다고 쉽게 포기하지 않았으면 좋겠다. 행복수업은 오랫동안 지속적으로 하는 것이 중요하다. 교육 현장에서 이를 꼭 알아줬으면 한다.

10년 동안 행복교육 사업을 추진해오며 가장 신경 쓴 부분은 무엇인가?

우리나라는 유교 전통이 매우 강하다. 즉, 자기 절제와 성취 같은 것이 최고의 미덕으로 꼽히는 나라다. 그중에서도 학교는 성취와 자제력self-control이 중요하게 평가

되는 공간이다. 때문에 학교에서 행복교육을 한다고 하면 저항이 크다. 이는 행복을 '즐거움과 쾌감' 같은 좁은 의미로만 이해해서 생기는 오해인데, '즐거움만을 추구해선 좋은 성적을 얻을 수 없다' '행복은 대학 입학 후로 유예해도 된다'는 생각에서 벌어지는 일들이다. 그러나 행복에는 쾌락적인 측면과 함께 탁월함과 의미 등을 추구하는 아리스토텔레스의 에우다이모니아eudaimonia적 측면도 있다. 행복수업을 학교 현장 안으로 가져가기 위해 행복의 이 같은 두 가지 모습을 충분히 설명할 필요가 있었다. 한마디로 말해 행복해지면 공부를 등한시하고, 성취에서 눈을 돌리는 게 아니라는 것을 강조해야만 했다. 그렇기에 이를 뒷받침할 만한 연구를 진행했다. 행복감(좋은 기분)과 자제력을 측정해 이것이 성적에 어떤 영향을 미치는지 살펴본 것이다. 결과적으로 말하면 행복감과 자제력은 성적에 모두 영향(정적 상관관계)을 미쳤다. 즉, 행복감이 크고 자제력이 높은 아이가 성적이 더 좋았다. 그렇다면 대인 관계는 어떨까? 여기서도 둘 다 중요하다고 나타났다. 다만 성적이 더 좋은 아이들은 자제력이 조금 더 강했고, 친구와 사이가 좋은 아이들은 행복감이 조금 더 높았다. 다시 말해 성적이든 교우 관계든 행복감과 자제력 모두 중요하다는 것이다. 이런 연구 결과는 '성취를 위해 행복은 포기해야 한다'는 통념을 정면으로 반박해 행복교육이 학교 교육 안으로 들어갈 수 있는 길을 만든다. 입시 위주의 우리 교육 현실에서 넘어야 할 장벽을 이로써 통과할 수 있는 것이다. 행복교육은 대학 진학을 생각하지 않는 아이들, 혹은 여유 있는 아이들이 하는 특별한 수업이 결코 아니다. 지난 10년을 지나오며 행복을 이해하는 시각이 '즐기는 것과 의미를 추구하는 것 사이의 균형이 중요하다'는 쪽으로 조금씩 변화하고 있다고 느낀다. 처음엔 행복을 '즐거움과 의미의 균형'으로 해석하는 내 시각이 맞는 것인지, 더욱이 교사들에게 전달할 만큼 명료한 이론 체계를 갖추었는지 확신하지 못했다. 하지만 시간이 지날수록 여기에 대한 생각이 명확해졌고, 지금은 교사들에게도 둘이 균형을 이루는 것이 중요하다고 강조하고 있다.

행복을 균형감 있게 가르치려면 교사는 어떤 태도를 가져야 할까?

행복교육 워크숍에서 교사들에게 강조하는 것 중 하나가 '행복을 바라보는 관점은 개인마다 차이가 있다'는 것이다. 교사가 자기 관점으로 바라본 행복을 학생에게 강요하는 것은 맞지 않다는 걸 알아야 한다. 아이들은 어리고, 그만큼 경험의 폭이 좁기에 당연히 즐거움을 추구하는 쪽으로 행복관을 갖게 마련이다. 반면 나이가 들수록 성취와 의미를 찾는 쪽으로 행복관을 세우기 쉬운데 선생님들이 여기 해당한다. 때문에 둘 사이에 갈등이 생기기 쉽다. 교사는 자신의 행복관을 학생에게 강요해선 안 되고, 행복에 대한 다양한 견해를 균형 있게 수용할 줄 알아야 한다.

체계적으로 연구하라

앞서 행복교육을 뒷받침하기 위해 진행한 연구에 대해 간단히 얘기했다. 행복연구센터의 사업은 크게 연구와 교육으로 나눌 수 있는데, 둘은 어떤 식으로 상호작용하고 있는지 궁금하다.

사실 연구와 교육사업은 독립적으로 존재한다. 연구의 기본 방침은 '연구자로서 관심 있는 주제라면 무엇이든 할 수 있다'는 것인데, 그간 진행해온 것들을 살펴보니 앞서 예로 든 것처럼 '재미와 의미, 즐거움과 성취의 균형'에 관한 연구가 유독 많았다. 뒤늦게 '왜 그럴까?' 생각해 봤는데, 교육사업이 연구에도 눈에 보이지 않는 영향을 미치고 있다는 걸 알게 됐다. 교육 현장에 행복교육의 필요성을 설득하려면 행복의 두 가지 가치에 대해 말하지 않을 수 없고, 둘의 균형을 강조하기 위해선 데이터가 필요하다. 이처럼 의도적으로 교육과 관련한 연구를 하지 않았음에도 행복교육이 연구 주제에 큰 영향을 줬다. 때문에 연구와 교육, 두 사업이 서로 느슨하게 연결돼 있다고 생각하면 좋을 듯하다. 행복교육은 '따뜻한 마음'으로 하는 것이 아니라 관련 이론과 연구를 바탕으로 해야 한다. 수업을 하다 보면 간혹 분위기에 취해 근거 없는 얘기를 하게 되는 경우가 있는데, 이런 실수를 하지 않으려면 교사가 '연구 데이터에 없는 것을 얘기해선 안 된다'는 생각을 언제나 염두에 두고 있어야 한다. '연구가 약화되는 순간 교육도 약화된다'는 마음으로 연구에 임하고 있다. 행복교육에 힘을 쏟으면 쏟을수록 연구에도 그만큼의 힘을 들여야 한다는 것이 행복교육센터의 딜레마이자 행복한 고민거리다.

행복연구센터 10년을 되돌아봤을 때 최대 결실은 무엇이고, 아쉬운 점은 무엇인가.

사실 이렇게 많은 학교가 행복교육과 함께할 것이라고는 상상하지 못했다. 상당수의 학교가 한 번쯤은 행복교육을 경험했다. 양적인 면에서 분명 성취가 있었다. 또 다른 성과는 행복교육에 보인 교사들의 높은 호응이다. 참여한 숫자도 많지만 개개인이 보여준 열정과 진정성이 대단했다. 실제 행복교육 워크숍은 교사 연수 인기 프로그램 중 상위권에 속한다. 대한민국 교육 시스템 안에서 행복수업의 가능성을 본 것 자체도 대단한 성과라고 생각한다. 대부분의 교사가 행복교육의 존재를 알고 있고, 《행복교과서》 발간과 워크숍의 점증적 발전, 영상자료 구축 등 행복교육 프로그램을 단계적으로 완성하는 데에도 성공했다. 만일 누군가 앞으로 새로운 형태의 교육을 시작한다고 한다면 로드맵을 제공해줄 수 있을 만큼 충분한 노하우를 축적했다고 자신한다. 반면 아쉬운 점은 콘텐츠를 다각화하는 데 미흡했다는 점이다. 중등용 《행복교과서》 한 권으로 3년을 배울 순 없다. 이를 보완한 《행복교과서Ⅱ》는 2020년 중에 완성될 것이다. 콘텐츠 다각화 측면에서 보면 행복교육과 개별 교과목을 연계하는 형태의 교육 프로그램 개발이 더 적극적으로 이뤄졌어야 하지 않나 싶다. 현재는 모든 과목에 접목할 수 없다 하더라도 '국어와 행복' '수학과 행복'처럼 몇 개 과목을 대상으로 행복교육과 연계하는 걸 고민하고 있다. 또 그간 많은 수의 교사가 학부모 교육을 요청해왔다. 학생의 인식 전환을 위해선 학교 교육을 넘어 부모의 행복교육이 필요하다는 생각엔 동감하지만 방법적으로 어려움이 많은 것도 사실이다. 여기 더해 일반 성인을 대상으로 하는 행복교육에 대한 요청도 상당하다. 개인적으로 행복연구센터가 짧은 기간 안에 기대 이상의 성공을 거둘 수 있었던 까닭은 '선택과 집중'을 통해 학교에 모든 걸 쏟아부었기 때문이라고 생각한다. 그럼에도 여전히 성인 대상의 행복교육은 앞으로 풀어야 할 과제라고 생각하고 있다.

행복교육 대상은 중학교에서 초등학교, 고등학교로 확장돼왔다. 일반 성인까지는 무리라 하더라도 대학에서의 행복교육은 지금도 충분히 가능할 것 같다.

실제 내가 몸담고 있는 서울대학교에서는 행복교육이 이뤄지고 있다. 몇 해 전부터 융합 과목의 형태로 나를 포함해 철학과 교수와 자유전공학부 교수까지 3명이 교양 강좌를 진행했다. 다만 여러 사정상 이번 학기부터는 나혼자서 '굿 라이프 심리학'이란 제목의 교양강좌를 진행 중이다. 대학은 행복교육을 확대하는 면에서 어려움이 있다. 초·중·고등학교의 경우, 교사를 대상으로 하는 연수를 통해 교육 목표와 교재, 교수법 등을 공유하면 되지만 대학 강의는 교수마다 독자적인 교수법을 갖고 있기 때문에 전면적인 적용이나 확대가 어렵다. 다만 행복교육이 꼭 필요하다고 생각되는 대학이나 학과와 연계

해 행복교육을 진행하는 것에는 관심이 크다. 예를 들어 간호대학이나 사범대학, 교육대학 등은 행복교육 커리큘럼이 학생들의 현재는 물론 미래 생활을 위해서도 큰 도움이 될 것이다.

행복연구센터가 앞으로 풀어가야 할 과제가 많다. 그럼에도 잃지 않아야 할 기본 역할은 무엇이라고 생각하나.

행복연구센터가 해야 할 최우선의 역할은 당연히 행복수업을 위한 체계적인 지식을 제공하는 것이다. 앞서 강조한 것처럼 행복수업은 '행복하게' 수업하는 것이 아니라 행복에 관한 지식을 전달하는 데 그 목적이 있다. 선생님들이 행복에 관한 지식 체계를 온전히 세울 수 있도록 이론을 정리하고, 연구 결과를 쌓아나가는 역할을 제대로 해야 한다. 두 번째 역할은 우리 교육 현장에 행복교육이 왜 필요한지 설득하고, 교사에게 동기 부여 motivation를 하는 것이다. 행복교육이 '그냥 한번 해보는' 이벤트성 수업이 아닌 교육의 원래 목적에 부합하는 과목이라는 걸 알리고, 행복수업의 의미를 꾸준히 환기하는 작업이 필요하다. 또 행복교육 콘텐츠를 만들어내는 것이 세 번째 역할인데, 학교 수업뿐 아니라 일반인을 대상으로 한 콘텐츠를 생산하는 것도 여기에 포함된다. 네 번째 역할은 교사를 훈련하는 것이다. 행복교육 전문 교사를 만들어내는 것이 우리가 하는 가장 중요한 역할이라고 생각한다.

교육사업을 보다 정교하고 전문적인 사업으로 만들겠다는 의미인가?

행복교육에 정통한 교사라고 해서 '자격증' 같은 걸 주겠다는 의미는 아니다. 실제 그런 건의도 있긴 했다. 자격증을 주면 교사들이 행복연구센터에 소속감도 더 생길 것이란 주장인데, 일견 맞는 말이지만 이렇게 되면 자격증이 있어야만 행복수업을 할 수 있게 된다. 하지만 행복은 자격증이 있어야만 가르칠 수 있는 내용이 아니

다. 교육사업을 전문적인 사업으로 발전시켰을 때의 부작용을 알고 있기에, 필요성에 일부 공감하면서도 적극적으로 추진하고 있진 않다. 또 어떤 교사는 행복연구센터가 리더십을 더 발휘하길 바란다. 예를 들어 센터장인 내가 나서서 '이렇게 하자'고 하면 모두가 거기에 따를 것이고, 이게 행복교육을 확산하는 데 더 효과적이라고 말한다. 하지만 나는 행복교육 사업에서 가장 중요한 건 자발성이라고 생각하고, 교사가 스스로의 힘을 기르는 것이 중요하다고 믿는다. 특히 행복연구센터를 책임지는 사람의 입장에서는 긴 안목으로 바라보고, 돌아가더라도 정공법으로 가야 한다고 판단하고 있다. 앞서 말했듯 정부나 교육부와 함께하지 않는 것도 자율성이 침해될 여지가 있기 때문이다. 행복을 가르치는 교사들이 함께 모여 자신들의 목소리를 내고, 행복연구센터와 함께 성장하길 바란다.

행복연구센터를 운영하며 느끼는 또 다른 고민이 있다면?
행복연구센터의 장점이자 단점은 '일인 체제'라는 것이다. 센터장인 내가 거의 모든 걸 책임지고 결정하는 구조인데, 장점은 의사결정이 빠르고 긴 시각을 가지고 센터를 운영할 수 있다는 것이다. 물론 책임도 오롯이 내가 진다. 반면 단점은 나의 한계로 인해 또 다른 가능성이 빛을 보지 못할 수도 있다는 데 있다. 행복연구센터가 설립된 지 어느덧 10년이 흘렀다. 이렇게 오랜 세월 동안 한 가지 일을 하다 보면 누구나 매너리즘에 빠지기 십상이다. 나뿐 아니라 센터 내 스태프들도 몇 년을 일하며 이 분야의 전문가가 됐지만 그만큼 지치기도 했다. 매너리즘을 우리 스스로 어떻게 극복해나갈 것인가가 늘 고민거리다.

여러 어려움에도 불구하고 행복연구센터 운영에 매진하게 되는 동력은 뭘까.
솔직히 말해 만족감이 정말 크다. 행복연구센터를 설립

행복연구센터가 해야 할 최우선의 역할은 행복수업을 위한 체계적인 지식을 제공하는 것이다. '행복 교사'가 행복에 관한 지식 체계를 온전히 세울 수 있도록 이론을 정리하고, 연구 결과를 쌓아나가는 역할을 해야 한다. 우리 교육 현장에 행복교육이 왜 필요한지를 설득하고, 교사에게 동기부여를 하는 역할도 필요하다. 물론 행복교육 전문 교사를 배출하고, 학교 밖 일반인을 대상으로 한 행복 콘텐츠를 생산하는 데에도 관심을 두고 있다.

하기 전 학자로서 해온 일도 의미가 있지만, 이 일을 시작하고 난 후의 만족에는 비할 바가 못 된다. 또 행복교육을 통해 선생님들이 변화하는 모습을 지켜보는 것도 큰 기쁨이다. 행복수업을 받은 학생과 직접 대면할 기회는 많지 않지만 학생들의 변화도 자주 전해 듣는데, 이런 모든 것이 자극과 동력이 된다. 이 일이 '의미 있는 일'이라는 믿음이 강하고, 그렇기에 잘해내고 싶다. 완벽주의적인 면을 갖고 있는 성격이라 잘할 수 있는 일에 우선적으로 집중하는 편인데, 이런 면 때문에 다양한 일을 벌이지는 못하는 단점도 있다. 행복을 가르치는 교사들이 모여 스스로의 목소리를 낸다면 나의 이런 부족한 부분도 상쇄해나갈 수 있지 않을까 생각한다. ✼

최인철 교수는 서울대학교 심리학과 졸업 후 미국 미시간대학교에서 사회심리학 박사학위를 받았다. 2000년 서울대학교 심리학과 교수로 부임해 2010년 서울대학교 행복연구센터를 설립했다. 다수의 연구와 교육 프로그램을 개발했으며, 강연을 통해 전 국민이 행복을 이해하도록 하는 데 앞장서고 있다. 저서 《프레임》《굿 라이프》와 역서 《생각의 지도》《행복에 걸려 비틀거리다》가 있다.

행복이론 및 행복교육의 목표

행복교육을 논하기에 앞서 선행돼야 할 것은 행복의 정의와 조건, 행복의 측정과 결과 등 행복에 관한 전반적인 이해다. 여기에서는 행복이론 가운데서도 특별히 기본이 되는 것들을 선별해 간략히 정리한다. 또한 대한민국에서 행복교육이 필요한 이유를 우리 국민의 행복지표를 통해 확인해봤다. 서울대학교 행복연구센터가 생각하는 행복교육의 특징과 목표 또한 점검했다.

Part 1.

행복이란 무엇인가?

인류가 행복에 대해 진지한 관심을 갖기 시작한 배경에는 긍정심리학의 발달이 맞닿아 있다. 과거에는 '우울하지 않은 것, 분노가 없는 것' 등을 행복Well-being의 중요한 요소로 보았다. 그래서 각종 심리 치료와 상담이 유행했다. 하지만 어느 순간부터 '우울, 불안이 없고 갈등이 없다고 해서 내 마음이 꼭 좋은 것은 아니라는 생각'이 보편화됐다. 긍정심리학은 부정적인 문제 해결에 집중해온 전통적인 심리학과는 달리, 부정적 요소를 없애는 선에서 머무르는 것이 아니라 '긍정적인 요소가 포함되면 좋겠다'는 방향으로 행복을 바라보는 관점과 인식의 변화를 이끌었다.

행복의 정의와 측정

우리에게는 그동안 행복에 대한 많은 오해가 있었다. '행복幸福'이라는 단어는 그 이름 때문에 '운이 좋은 상태' 정도로 여겨지며 삶의 목적으로 삼기엔 너무 가벼운 것이 아니냐는 오해를 샀다. 또 '나는 행복보다는 마음의 고요를 원한다' '너무 행복하면 안 된다' '인생에는 행복 말고도 중요한 것들이 있다' '행복은 성공을 포기해야 찾아온다' 등과 같은 말들도 행복을 곡해했다. 물론 '노력해도 소용없다. 행복은 유전이 결정한다'는 오해도 있다. 그러나 행복의 본질을 탐구한 많은 연구가 '즐거움, 만족, 의미를 경험하고 있는 주관적 상태'가 행복의 본질임을 입증했다. 행복은 '행복'이라는 단일 정서가 아니라 '좋은 정신 상태Good mental state'[1]를 가능하게 하는 모든 감정 상태로, '삶 전체의 행복'과 '순간의 행복' 모두를 의미한다. 즉, 행복은 인지적 행복Cognitive well-being과 감정적 행복Affective well-being의 총합이다.

미국 프린스턴대학교의 심리학자 대니얼 카너먼에 따르면 인간의 자아는 두 개의 서로 다른 자아로 구분된다. 하나는 '경험 자아Experiencing self'로 지금 이 순간의 현재를 경험하는 자아다. 다른 하나는 '기억 자아Remembering self'로 '회상 자아'라고도 하며, 이는 기억 속 과거의 삶을 해석하고 평가함으로써 규정되는 자아다. 지금 이 순간만을 느낄 수 있는 경험 자아는 순간순간의 감정에 반응하며, 기억 자아는 지나간 일에 대해 기억된 내용을 해석하고 의미를 부여하며 삶의 만족 수준을 평가한다. 따라서 경험 자아와 기억 자아는 행복에 대해서도 서로 다르게 반응한다. 경험 자아의 행복은 정서적 행복(순간순간의 감정적 반응)으로서 실시간 측정을 통해 살펴볼 수 있고, 기억 자아의 행복은 인지적 행복(삶의

1. OECD에서 내리는 행복의 정의는 "good mental states, including all of the various evaluations, positive and negative, that people make of their lives, and the affective reactions"이다.

만족감, 삶의 의미 등)으로서 회고적 평가(설문 조사)를 통해 살펴볼 수 있다.

대한민국은 경제적 측면에서 상대적으로 높은 수준의 물질적 풍요를 누리고 있지만 정서적 행복감은 바닥 수준을 면치 못하고 있다. 열심히 노력하나 전혀 즐겁지 못한 것이다. 어떤 사람들은 노력을 통해 삶에 대한 의미 부여를 하는 것에는 능숙한 반면, 지금 이 순간의 행복을 누리는 것에는 미숙하다. 자신의 내면에서 즐거움을 느끼지 못하고, 남을 판단하고 환경을 탓하면서 불평불만이 앞서는 경우가 많다. 이와 반대로 어떤 사람들은 과도하게 지금 이 순간의 즐거움만을 추구하면서 삶의 의미를 놓치기도 한다. 이와 같은 모습은 어쩌면 행복을 단편적으로 이해하고 오해해서 비롯되는 '한쪽으로 치우친 삶'일 수 있다. 이러한 상황에서 행복수업은 인지적 행복과 감정적 행복의 총체적인 균형이 잘 갖추어진 건강한 삶이 좋은 삶이라는 것을 알려주는 역할을 한다.

긍정심리학의 발달과 더불어 몰입이론의 대가인 미하이 칙센트미하이가 행복연구에 참여하면서 '행복에 대한 몰입의 효과'에도 관심이 커졌다. 실제로 어떤 과제를 수행함에 있어서 딴생각을 하는 것보다 그 일에 몰입하고 있는 상태가 행복에 훨씬 유리하다는 것이 여러 연구를 통해서 밝혀진 바 있다. 행복의 인지적 측면과 감정적 측면에 더해 몰입 요소를 추가하면, 행복은 자발적으로 선택한 오감 활동을 통해 관계성 속에서 경험하는 '즐거움' '성장(의미)' '몰입'의 주관적 상태라고 정의할 수 있다. 결국 '행복한 삶'이란 '의미 있고 몰두할 수 있는 일을 통해 즐거움을 경험하는 삶'인 것이다.

행복의 조건

행복은 나에게 주어진 삶의 조건과 그 조건에 대한 개인의 주관적 반응에 의해 결정된다. 행복에는 돈이나 환경 같은 객관적 조건도 영향을 미치지만, 마음과 같은 주관적 조건의 영향도 무시할 수 없다. 행복을 결정하는 요인은 요리의 맛을 결정하는 요인과 비슷하다. 음식이 맛있기 위해서는 먼저 사용된 재료들이 좋아야 한다. 두 번째는 그 음식에 대해 반응하는 사람의 선천적인 경향성이 중요하다. 같은 음식을 먹어도 맛있다고 반응하는 사람도 있고 아무리 맛있는 음식을 먹어도 덜 긍정적인 사람도 있다. 그다음엔 그 음식을 즐기는 각자의 스타일이 중요하다. 같은 음식도 어떤 분위기로 어떻게 차려 먹느냐에 따라서 더 맛있게 먹을 수 있다. 행복도 이와 똑같다. 건강이나 돈처럼 우리에게 주어져 있는 객관적인 삶의 질이 중요하다. 세 번째, 그러한 삶의 질에 대해서 어떤 반응을 하는지와 같은 성격 요인도 무시할 수 없다. 그리고 마지막으로 그런 삶의 조건들에 대해 어떻게, 어떤 마음으로 삶을 즐기는지가 중요하다. 즉, 삶에 대한 개인의 태도와 실천 습관이 중요한 것이다.

행복에 대한 물질적 조건 가운데 가장 많은 관심을 받는 부분이 돈이다. 돈이 있으면 살 수 있는 것도, 할 수 있는 것도 많다. 그렇다면 돈이 많을수록 행복해질까? 돈은 과연 행복에 얼마나 영향을 미칠까? 심리학자나 경제학자들은 돈이 행복에 미치는 영향을 과대평가하거나 과소평가하는 것은 둘 다 바람직하지 않다는 점을 강조한다. 개인과 사회의 부가 늘어나면 행복감도 높아진다. 그러나 그 사회의 소득 불균형이 심하면 소득 증가가 행복의 증가로 나타나지 않을 가능성도 높아진다. 또한 개인의 소득이 늘어나더라도 실제 자유롭게 쓸 수 있는 소득, 즉 총처분가능소득(이자나 세금처럼 반드시 지출해야

2. 캔트릴 사다리 척도는 삶의
만족도를 0점(최저)에서
10점(최고) 사이에서
평가해 측정하도록 하고
있다.

하는 돈을 제외하고 자유롭게 소비할 수 있는 소득)이 늘지 않으면 행복감이 늘지 않을 수도 있다. 노벨경제학상을 수상한 프린스턴대학교의 앵거스 디턴(2015년 수상)과 대니얼 카너먼(2002년 수상)은 돈과 행복의 상관을 보여주는 연구 결과를 발표했다.

〈그림 1〉에서 캔트릴 사다리 척도Cantril ladder scale[2]로 표시돼 있는 '삶의 만족도'는 개인의 연간소득이 늘수록 계속 증가한다. 반면에 긍정정서Positive affect, 우울하지 않은 감정Not blue, 스트레스가 없는 상태Stress free의 수준은 어느 지점까지는 소득이 늘수록 증가하다가 어느 지점부터는 더 이상 증가하지 않고 평평해진다. 이처럼 행복을 '삶의 만족도'라는 측면에서 보면 돈이 행복에 크게 영향을 미치는 것처럼 보이지만 '감정'의 측면에서 보게 되면 그 관계가 상대적으로 약하게 나타난다. 〈그림 1〉을 통해 알 수 있는 또 하나의 사실은, 일정 수준의 소득에 이를 때까지는 소득이 삶의 만족도와 감정 측면의 행복에 모두 비례한다는 것이다. 즉 절대빈곤에서 벗어나기 위해서는 적정 수준의 돈이 필요하며, 이는 행복의 중요한 조건이라고 할 수 있다. 이처럼 돈이 행복을 절대적으로 결정하지 않는다는 사실은 돈 자체보다는 돈을 어떻게 바라보고(관점) 어떻게 쓸 것인가(태도)의 질문으로 우리의 관심을 이끈다.

〈그림 2〉는 '당신의 인생에 돈이 얼마나 중요합니까?'에 대한 답을 나타낸 것으로, 돈에 대한 관점이 중요하다는 것을 보여준다. 여기서 '아주 중요하다'고 답한 이들은 아래 직선에 해당하고, '중요하지 않다'고 답한 이들이 위의 직선에 해당한다. 우선 그래프가 오른쪽으로 상승하고 있으므로 '수입이 늘어날수록 삶의 만족도가 늘어난다'는 패턴을 확인할 수 있다. 한편 상대적으로 돈이 중요하다고 여기는 물질주의 성향이 강한 사람들이 똑같은 수입을 가지고도 삶의 만족감이 떨어지는 것을 볼 수 있다. 돈을 어떻게 소비할 것인가의 태도도 행복에 영향을 미친다. 같은 돈을 가지고 소유물을 늘리는 데 소비하는 사람이 경험을 쌓는 데 소비하는 사람보다 행복감이 떨어진다.

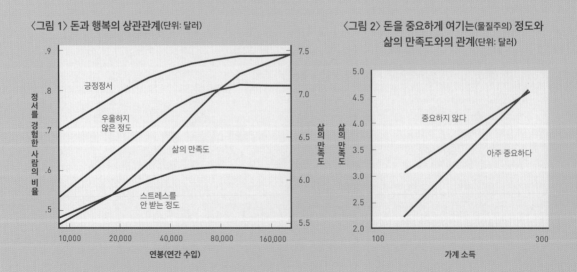

〈그림 1〉 돈과 행복의 상관관계(단위: 달러)

〈그림 2〉 돈을 중요하게 여기는(물질주의) 정도와 삶의 만족도와의 관계(단위: 달러)

행복에 영향을 미치는 객관적 조건으로서 돈과 물질의 효과에 대한 연구들을 종합해보면, 객관적 조건에 대한 과대평가(물질이 최고라고 믿는 물질주의)도 문제지만 지나친 과소평가(모든 게 마음먹기에 달렸다고 믿는 심리주의)도 경계할 필요가 있다. 행복수업은 '돈을 많이 벌어 소유물을 늘리는 데에만 쓰지 말고 경험을 쌓는 데 쓰라. 소유보다 경험이 중요하다'는 메시지를 전하고자 한다.

> 행복한 사람들은 사는buy 게 다르다.
> 행복 천재들은 돈으로 ① 경험 ② 시간 ③ 공간을 산다.
> - 최인철 교수의 《굿 라이프》 중에서

행복에 영향을 주는 요인에는 생물학적인 유전의 힘도 있다. 소냐 류보머스키의 연구에 따르면, 사람들 간의 행복감 차이를 설명하는 요인의 약 50%는 유전의 영향인 것으로 나타났다. 동시에 환경 요인이 10%, 개인의 노력이나 의도가 40% 정도라고 설명한다. 하지만 행복에 유전이 영향을 미친다는 것이 내가 더 행복해지는 데 유전이 걸림돌이 된다는 것을 의미하지는 않는다. 일반적으로 키의 유전율은 0.9 수준으로 매우 높은 편이지만 부모보다 자식의 키가 전반적으로 커지는 추세에 있듯, 행복감도 얼마든지 지속적으로 향상될 수 있다.

행복의 결과, 확장-구축 이론

긍정적인 상태가 실제로 좋은 결과를 가져올까? 운동을 열심히 하는 사람은 운동을 하면 좋은 결과가 있다는 것을 알기에 열심히 한다. 즉, 무언가를 열심히 한다는 것은 그것이 좋다는 것을 알거나 믿기 때문에 가능하다. '행복해지기 위해 배우고 노력하자'는 말이 설득력을 갖기 위해서는 단순히 '행복 그 자체만으로 좋은 것'이라는 생각을 넘어 '행복하면 진짜 좋은 일이 일어난다'는 것을 뒷받침할 만한 지식과 신념이 있어야 한다.

긍정심리학이 대두되기 전까지의 전통적인 심리학 연구는 부정적인 감정에 집중했다. 그런데 감정을 연구하던 바버라 프레드릭슨은 '왜 긍정적인 감정에 대한 연구는 많지 않은가?'에 대해 고민하기 시작했고, 나름대로 공부한 끝에 내린 결론은 다음과 같았다. "부정적인 감정은 우리로 하여금 곧바로 어떤 행동을 해야 한다는 시그널 기능(두려우면 도망가야 한다. 내 목표를 방해하는 자극이 나타나서 좌절되면 그걸 없애야 한다 등)을 갖는 데 반해, 긍정적인 감정은 그런 시그널 기능이 약하다. 기분이 좋다고 해서 '무언가를 해야 한다'는 생각으로 연결이 일어나지는 않는다"는 것이다. 그는 이런 이유로 인해 긍정 감정(행복)에 대한 진지한 연구가 없었던 것으로 추측했다. 긍정적인 감정이 주는 기능, 혜택을 보기 위해서는 즉각적으로 도움을 주는지 여부를 따지지 말고 '시간 프레임'을 넓혀야 한다는 생각에 이른 바버라 프레드릭슨은, "긍정적인 정서는 장기간에 걸쳐 일종의 축적 효과를 가져온다"는 결론에 다다른다.

그가 이 아이디어를 설명하는 이론에 붙인 이름이 '확장-구축 이론The Broaden-Build Theory'이다. 무언가를 확장Broaden하고, 건설Build한다는 의미다. 긍정적인 상태는 사람들로 하여금 인생을 보는 시야를 넓혀주는데Broaden, 시야를 넓힌다는 건 '할 수 있는 일의 종류를 늘려준다'는 말과 같다. 또한 긍정적인 행복 상태에 있으면 '건강' '경제적 안정' 그리고 '사람들과의 좋은 관계' 등과 같이 우리가 살아가면서 필요한 삶의 조건들을 구축Build하는 데 유리하다.

행복의 결과를 설명하는 확장-구축 이론은 우리가 기존에 가지고 있던 관점(마음은 어떤 것들의 결과라고만 생각)을 바꿀 필요성을 일깨운다. 물론 좋은 상황이 긍정의 마음을 가져오기도 하지만, 마음이 결과를 만들어내는 원인으로 작용한다는 사실에도 주목할 필요가 있다. 긍정은 좋은 것들의 결과이면서 동시에 좋은 것들을 만들어내는 원인으로 작동한다. 이것이 '긍정성'을 키워야 하는 이유다. 사람이 긍정적인 상태에 있고, 이를 자주 경험하는 것은 인생을 살아가는 데 도움이 된다. 긍정적 상태는 좋은 삶의 자본들을 세워주고, 세상을 보는 눈을 넓혀 단기간에는 어떤 효과가 나타나지 않더라도 장기간에 걸쳐 좋은 결과가 나오도록 만든다. 행복수업을 하게 되면 어떤 효과가 당장 나타날 것이라고 기대하기보다는 긴 안목으로 바라보는 것이 좋다.

Part 2. 대한민국엔 행복교육이 필요하다

유엔UN은 2012년부터 매해 〈세계 행복 보고서 World Happiness Report〉를 발간해 경제지표를 넘어서서 국민의 행복지수를 국가의 정책 목표로 삼아야 함을 강조하고 있으며, OECD(경제협력개발기구)는 '더 나은 삶 지수The better life index'를 만들어 국가의 행복지수를 가늠하고 있다. 또 영국, 프랑스 등은 국민의 주관적 행복감을 주기적으로 측정한다. 이처럼 '물질적 풍요의 역설Paradox of affluence'의 대안 중 하나로 인간의 주관적 경험에 관한 관심은 점점 높아지고 있으며, 특히 행복과 삶의 질에 대한 학문적·사회적 관심 또한 커지고 있는 상황이다.

대한민국 행복 점수

세계적으로 행복에 대한 인식이 증대되고 있음에도 우리나라는 물질적 풍요지표는 높은 반면 행복도는 매우 낮은 편이다. 특히 청소년의 주관적 행복감이 세계 최하위 수준에 머무르고 있다. 유엔의 〈세계 행복 보고서 2019〉에 따르면 우리나라는 행복의 객관적 지표(1인당 GDP, 건강, 기대수명)에 비해 주관적 지표(사회적 지지, 자유로운 삶의 선택, 관대성, 부패 인식)가 매우 낮은 것으로 나타나 국민 행복도 순위는 156개국 가운데 54위를 차지했다. 또 OECD 국가 중 22개국을 대상으로 한 어린이와 청소년의 주관적 행복도 조사에서는 20~22위권의 결과를 나타냈다.

대한민국의 행복 수준에 위험 신호를 보내는 몇 가지 지표를 살펴보면 첫째, 경제적으로 부유하지만 삶의 만족도는 상대적으로 낮은 편에 속함을 알 수 있다.

〈그림 3〉의 X축은 물질적 풍요 수준을 나타내는 1인당 GDP(국내총생산), Y축은 캔트릴 사다리 척도로 측정한 삶의 만족도[3]이다. 이를 보면 부유한 국가가 가난한 국가보다 삶의 만족도가 높게 나타나는 경향성을 띤다. 우리나라를 기준으로 가로·세로 선을 긋게 되면 4분면이 나타나는데, 2사분면과 4사분

면에 주목해보자. 2사분면은 우리나라보다 왼쪽, 위에 있는 영역으로 우리보다 경제적으로 부유하진 않지만 우리보다 자신의 삶에 대해 만족하는 나라들이며, 그 수가 꽤 많은 편이다. 4사분면은 우리나라보다 우측, 아래 있는 영역으로 우리보다 부유하나 행복감은 약한 나라를 나타내지만 여기에 속하는 국가는 거의 없다. '우리보다 잘살면서 우리보다 불행한 나라는 없는데 우리보다 가난하지만 우리보다 행복한 나라는 매우 많다는 사실'에 주목해보면, 우리의 삶을 되돌아볼 필요에 대해 생각하게 된다. 우리는 잘살고 있는 것에 비해 삶의 만족을 누리지 못하고 있는 것이다.

둘째, 우리나라는 열심히 일하고 있지만 삶의 만족도는 낮다. 〈그림 4〉의 X축은 OECD 국가의 연간 노동시간, Y축은 캔트릴 사다리 척도로 측정한 삶의 만족도이다. 연간 노동시간에서 우리나라는 전 세계

〈그림 3〉 삶의 만족도(캔트릴 사다리 척도로 측정한 점수)와 1인당 GDP(2005~2007년 통계)

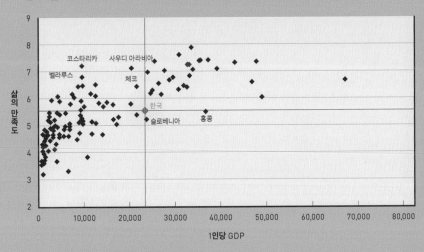

〈그림 4〉 국가별 연간 노동시간과 삶의 만족도

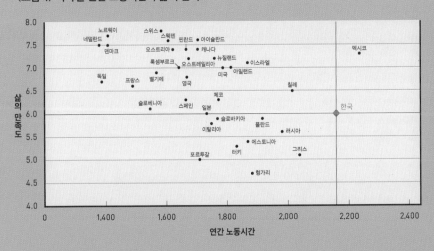

3. 삶의 만족감은 행복감을 측정하는 한 가지 방법으로 캔트릴 사다리 척도를 이용해 측정한다. 캔트릴 사다리 척도는 삶의 만족도를 0점에서부터 10점까지의 점수로 측정한다. 2012년부터 매년 발표되는 유엔 〈세계 행복 보고서〉에서도 이 척도를 사용하고 있는데, 대한민국의 삶의 만족도는 매년 평균 5.8점대 수준이며, 핀란드, 노르웨이, 덴마크 등의 북유럽 국가들이 7.5~7.8점대의 세계 최상위 수준을 기록하고 있다.

에서 1위 또는 2위다. 〈그림 4〉에서 연간 노동시간과 그 나라 국민의 삶의 만족, 즉 행복 사이에는 완벽하게 부적(-)인 상관관계를 보인다. 일을 많이 하는 나라가 행복감이 낮다.

셋째, 감정(긍정정서와 부정정서 수준)으로 행복을 측정하면 더욱 나쁜 결과를 보이는 것이 대한민국의 현실이다.

특히, 감정을 지배하는 사회심리적 욕구Social psychological needs 충족 수준에 있어서 우리나라는 세계적으로 최하위 수준(89개국 중 83위)에 머무르고 있다. 사회심리적 욕구 수준은 다섯 가지 질문을 통해 측정한다(어제 하루 동안 ①존중 받았습니까? ②의지할 가족이나 친구가 있었습니까? ③새로운 것을 배웠습니까? ④당신이 가장 잘하는 것을 했습니까? ⑤당신의 시간을 자유롭게 사용할 수 있었습니까?). 이 다섯 가지 질문의 키워드는 '존중, 관계, 성장, 유능, 자율'을 의미하는 것으로, 인간 내면의 욕구를 채우기 위해 필요한 요소들이다. 지금까지 우리나라는 경제적 발전을 위해 열심히 달려왔으나, 내면의 욕구를 충족하는 데에는 그만큼의 발전을 이루지 못한 것처럼 보인다. 때문에 이제는 내면의 욕구를 충족해야 한다는 자성의 목소리가 나오고 있다.

〈그림 5〉 국가별 1인당 GDP · 사회심리적 욕구 수준 · 삶의 만족도 · 긍정정서 · 부정정서 비교[4](n=89)

	1인당 GDP	사회심리적 욕구 수준	삶의 만족도	긍정정서	부정정서
미국	1	19	16	26	49
덴마크	5	13	1	7	1
일본	14	50	24	44	6
뉴질랜드	22	12	9	1	21
대한민국	24	83	38	58	77
멕시코	39	22	23	17	28
인도네시아	59	63	57	24	43
시에라	87	80	87	87	86
탄자니아	89	58	86	52	32

행복교육의 목표

시대정신은 행복과 삶의 질을 말하지만 우리나라 어린이와 청소년의 일상은 만족도가 높은 삶과는 상당히 동떨어져 보인다. 대체로 집-학교-학원을 무한 반복하는 삶에 가깝기 때문이다. 행복한 삶이 무엇인지 묻고, 이러한 질문에 대한 답을 생각할 시간조차 없는 것이 현실이다.

행복교육은 학생들이 올바른 삶을 살기 위해 반드시 고민해봐야 하는 위의 다섯 가지 질문에 대해 생각하고 답할 수 있는 기회를 제공하는 것을 목표로 한다. 즉, '학생들이 공부를 잘하는가?'와는 별개로 학생이 학교에서 존중받고, 의지할 친구나 스승이 존재하며, 무언가를 배우고, 스스로 잘하는 것을 하면서, 자유를 경험하고 있는지를 묻고, 학생 스스로 그 중요성을 깨치도록 안내하는 것이 바로 행복수업의 역할이다. 이때 학교는 학생들이 자발적으로 질문에 대해 묻고 답할 수 있는 환경을 조성하기 위해 노력해야 한다. 또 행복수업은 학생이 삶의 진정한 만족감과 주관적 행복감을 높일 수 있는 방법에는 무엇이 있

4. 〈그림 5〉는 세계적인 행복 심리학자 에드 디너 등이 2010년에 발표한 연구논문에서 발췌한 자료다. 이 연구는 국가별 물질적 번영 수준이 높을수록 그 나라 국민이 자신의 삶의 만족도를 높게 평가하는 반면, 국가별 사회심리적 욕구 충족 수준이 높을수록 그 나라 국민의 긍정정서는 높고 부정정서는 낮다는 것을 보여 주고 있다. 즉 경제적·물질적 수준은 행복의 인지적 측면을 예측하고, 사회심리적 욕구 충족 수준은 행복의 감정적 측면을 예측한다.

는지 질문을 던지도록 하는 수업이다. 앞서 살펴본 바와 같이 우리나라는 물질적 수준에 비해서도, 노동시간에 비해서도 삶의 만족감이 매우 떨어진다. 이러한 물질적 풍요 수준과 노동시간의 조합 속에서 최대한 행복을 느낄 수 있으려면 어떤 삶의 패턴을 가져야 할지, 지금처럼 열심히 일하고 물질만을 추구할 것이 아니라 어떤 방법을 통해 삶의 만족감을 높일 수 있을지, 스스로에게 질문을 던져보도록 하는 수업이 행복수업인 것이다.

서울대학교 행복연구센터가 추구하는 행복교육은 다음의 몇 가지 특징을 갖고 있다. 첫째, 행복교육은 '행복한 교육'을 의미하는 것이 아니라 행복을 직접 가르치는 것을 뜻한다. 이 말은 곧 행복교육이 행복에 대한 지식을 전달하는 것을 큰 특징으로 한다는 의미다. 행복 분야에서 쌓아 올린 지식 체계를 학생들에게 가르치는 수업이다. 물론 행복교육이니까 '행복하게' 가르쳐야겠지만 그것이 본질은 아니다. 둘째, 행복교육은 심리 치료가 아니다. 행복수업을 듣고 학생 중 일부가 어떤 깨달음을 얻을 수는 있지만, 이 수업이 반드시 치료 효과를 가져와야 하는 건 아니다. 더욱이 행복수업은 일주일에 한두 시간 내외로, 이것만으로 행복해지기에는 시간이 턱없이 부족하다. 때문에 행복을 가르치는 교사는 행복수업을 통해 학생들의 행복감을 기적적으로 상승시켜야 한다는 부담을 갖지 않는 것이 중요하다. 셋째, 교사가 행복해야 학생이 행복하다. 이는 행복연구센터에서 행복교육을 위해 준비하고, 몇 학기 동안 이를 시도하면서 깨달은 교훈이다. 행복교육은 최종적으로 학생을 행복하게 하기 위해 하는 교육이지만 교사를 불행하게 하는 행복교육은 성공할 수 없다. 행복연구센터의 행복수업 지원 체제가 교사에게 집중돼 있는 이유다. 행복연구센터는 교사에게 행복 관련 콘텐츠를 지속적으로 제공해 동기를 부여하고, 교사를 존중하는 시스템을 갖추기 위해 노력하고 있다. 물론 이는 전략적으로 교사를 공략해야 한다는 의미는 아니다. 교사에게 집중하면 행복교육을 확산하는 데 더 긴 시간이 필요할지도 모른다. 그러나 행복연구센터는 그것이 '제대로 가는 길'이라 믿고 있다. ✄

글_ 홍영일 행복연구센터 교육팀장(교육공학박사)

History 2

대한민국 행복수업
프로젝트 10년사

행복연구센터가 문을 연 지난 10년 사이, 대한민국 교육 현장에서 행복수업은 그 존재를 확실히 새기는 데 성공했다. 그리고 행복교육의 이러한 성장 뒤에는 학교 현장 곳곳에서 발로 뛰며 행복교육의 싹을 틔운 9,336명의 행복 교사가 있다. 행복교육 10년의 역사를 함께 썼다고 해도 과언이 아닌 이들은 우리 학교 현장에 왜 행복수업이 필요한지를 오늘도 소리 높여 강조한다. 지난 10년간 행복수업 프로젝트를 현장에서 이끈 행복 교사의 목소리를 통해 행복교육의 성장사를 되돌아봤다.

우리가 행복을 가르치는 이유

"학생 스스로 행복을 일굴 수 있도록 가르치자"는 교육 명제에 반대할 교사는 많지 않을 것이다. 그러나 "학교에서 행복을 직접 가르쳐 배우고 익히도록 하자"는 행복교육의 취지에 적극적으로 동참하는 것은 말처럼 쉬운 일은 아니다. 여기, 행복교육과 함께 성장해온 전국 1만여 명의 행복 교사들처럼 말이다.

이들은 모두 각자의 사연으로 행복교육과 만났다. 어떤 이는 "담당 과목을 좀 더 잘 가르치고 싶어서" "새로운 분야를 공부하는 것 자체가 즐거워서" 행복연구센터의 문을 두드렸고, 또 어떤 이는 "아이들과 더 깊이 소통하기 위해" "교사로서 자긍심을 회복하고 싶어서" 행복교육을 선택했다. 행복교육에 입문한 이유는 이렇게 서로 다르지만, 이들은 오늘날 학생들에게 가장 필요한 것이 행복교육이라고 주저 없이 말한다. "물질주의가 만연한 시대잖아요. 학생들조차 돈 버는 일에 목표와 목적을 두고 잘 먹고 잘사는 삶, 물질적으로 풍요로운 환경만을 원하는 시대가 됐어요. 이런 시대에 행복수업은 아이들에게 '어떻게 살 것인가'를 질문하죠. 사람을 성숙하고 성장하게 만드는 질문들을 던집니다." 서울 광신정보산업고등학교 은혜정 교사는 행복교육이 물질주의와 배금주의에 휩쓸리기 쉬운 아이들에게 진정한 삶의 가치와 의미를 탐문하는 계기가 될 것이라고 말한다. "행복수업은 삶을 살아가는 수단이 아니라 삶에 대한 가치관을 고민하고 자신의 삶을 긍정적으로 설계할 수 있도록 이끌어줍니다." 경기도 부천 부인중학교 박병선 교사는 한발 더 나아가 행복교육이 주체적으로 자신의 삶을 이끌어나갈 수 있는 힘을 기르도록 한다는 점을 강조했다. 행복수업의 전제가 '실천과 연습을 통해 행복의 기초 체력을 높이는' 것이기에 이를 통해 아이들이 성장할 수 있다는 것이다. "행복수업은 아이들이 행복에 대해 공부하면서 자신의 생각을 타인과 나누며 서로 의견을 공유하고 수정, 발전시키는 과정을 경험하도록 해요. 서로 협력하고 조금씩 의견을 보완하며 자신만의 가치관을 정립해나가는 과정을 행복수업에서 배우게 되는 것이죠."

대구 황금중학교 한원경 교장이 제시한 행복교육의 의미에도 많은 교사들이 공감할 것이다. "많은 분들이 미래의 행복을 위해서 교육해야 한다고 말하지만 저는 생각이 조금 다릅니다. 지금 일상 속에서 행복을 느끼지 못하는 아이들은 미래에도 행복을 느끼기 어려워요. 그렇기 때문에 아이들의 행복은 가장 오랜 시간을 보내는 학교에서, 교실 수업에서 이뤄져야 하는 것이죠. 학교의 본질적인 수업이 변하지 않으면 학교의 변화도, 학생의 변화도 일궈낼 수 없습니다." 그의 말처럼 지금의 아이들은 행복에 대한 가치관의 변화, 그 중심에 있는 세대다. 또는 그 변화를 주도하는 세대이기도 하다. 유튜브와 페이스북 등 글로벌 인터넷 서비스를 통해 전 세계의 문화를 실시간으로 흡수하고 있는 어린이, 청소년들은 여느 세대와 달리 자신의 행복을 성공의 척도로 삼는 데 주저하지 않는다. 사회적으로도 자신이 추구하는 삶의 방향을 성실히 탐문하고, 개인의 행복과 성장을 동시에 추구할 줄 아는 사람이 새로운 시대의 성공 모델이 되고 있다.

이런 분위기에서 '나의 행복'이 구체적으로 무엇인지를 배우는 행복교육에 점점 더 무게가 실리는 것은 어찌 보면 당연한 일이다. 2014년 행복연구센터가 주관한 '행복스토리텔링 공모전'에 참여한 서울 경희여자중학교 강승태 교사의 글은 그 필요성을 고스란히 보여준다. "우리 아이들은 행복한 삶을 원하지만 구체적으로 행복을 위해 어떤 삶의 태도와 마음가짐을 가져야 하는지 몰라요. 행복교육 워크숍을 통해 제가 깨닫게 된 것은, 학생들이 행복으로 나아가는 길을 꾸준히 걸어갈 수 있도록 안내하는 것이 교사의 중요한 역할이라는 것이었어요. 그렇게 행복을 향해 더 가까이 다가가는 학생들이 늘어난다면 학생 개인뿐 아니라 학교 공동체, 그리고 더 넓게는 우리 사회와 미래가 보다 행복해질 수 있지 않을까요?"

한편, 많은 교사가 "행복수업은 나 자신을 위한 것이기도 하다"고 이야기한다. 매년 새로운 세대, 새로운 아이들과 만나야 하는 교사들이 행복교육을 통해 시대에 발맞춘 교육의 의미를 되새기고, 스스로 자신의 삶을 돌아보는 계기로 삼고 있기 때문이다. 여기 배은희 교사(퇴직)의 사연은 그런 점에서 행복교육이 교사들의 뜨거운 호응을 얻을 수 있었던 시대적 배경을 대변하는 사례이기도 하다. 그는 2012년 행복교육 초창기에 워크숍에 참여, 당시만 해도 낯설었을 행복교육을 통해 "새로운 시대의 교육철학을 이해할 수 있었다"고 회고한다. "2012년 즈음의 학교 현장에 대한 기억을 떠올려 보면 굉장히 혼란스러웠다고 할 수 있어요. 1990년대 말부터 시도된 '열린교육'은 규격화되고, 획일화된 교사 중심의 교육에 비판적이었어요. 대신 자유롭고 다양한 선택이 가능하도록 한 학생 중심의 교육 방법을 제시하고 있었죠. 그러나 현장의 교사들에게 열린교육의 바탕인 '구성주의(학생이 지식의 의미를 능동적으로 구성할 수 있도록 교사는 경험을 제공하고 학습을 촉진하는 역할을 한다는 교육이론)' 교육철학은 이해도 공감도 이뤄지지 않은 상태로, 일종의 교육 도구일 뿐이었어요. 지식의 객관주의에 바탕을 둔 일제식 수업 방식과 효율성에 길들여진 교사들에게는 맞지 않는 옷이었죠. 그러니 교실은 어설픈 열린교육의 맛을 본 학생들과 일제식 수업을 고수하는 교사 간의 갈등으로 괴리가 점점 심해졌고, 이 때문에 2010년을 전후로 경력 많은 교사들의 명예퇴직이 급증하는 분위기가 조성됐어요. 저도 그렇게 학교에서 좌절감을 느끼던 교사 중 하나였고요. 과학을 가르쳤는데, 학생들이 과학을 어려워해서 수업 시간에 모두 말 한마디 하지 않고 입을 꽉 닫고 있었거든요. 수업 시간이 그렇게 흘러가다 보니 제가 하는 그 어떤 말도 아이들에게 가닿지 못한다는 열패감이 느껴져 얼마나 답답했는지 몰라요. 그런데 저는 이렇게 좌절감을 안은 채로 학교를 떠나기는 싫더라고요. 교사 생활의 막바지를 멋지게 장식하고 기쁘게 떠날 수 있는 방법이 무엇일까 고민하던 차에 교장 선생님의 추천으로 행복교육 워크숍에 참여하게 됐어요. 그런데 거기서 최인철 센터장님의 강연을 듣고 나니 제가 학교에서 힘들었던 이유가 명확하게 설명이 되더군요."

그는 이 시대에 행복수업이 왜 필요한지, 시대의 변화와 흐름, 철학을 이해하고 나니 열린교육이 제대로 정착하지 못한 이유가 비로소 이해되었다고 말한다. "열린교육의 교육철학에 대한 이해 없이 단지 교육 도구 중 하나로만 접근했기 때문이었다"는 것이다. 생소한 분야였던 행복수업에 대해 교사로서 새로운 열정이 샘솟는 것도 느꼈다. "그동안 물질적인 성공이나 경쟁에서 이기는 것이 교육의 목표이자 행복이라고 생각하며 달려왔잖아요. 그런데 더 이상 그런 것들이 성공이나 행복을 보장해주지 않는다는 걸 알게 된 거죠. 그런데 이렇게 변화

행복을 가르치는 이들

행복교육의 취지에 공감하고 도전을 시작한 교사들은 그동안 서로를 응원하고 지지하며, 보다 전문적인 행복수업의 방향을 모색하기도 했다. '행복수업연구회'와 '사단법인 행복가교(이하 행복가교)', 두 단체가 만들어진 것도 이 때문이다. 이들 단체는 각기 서로 다른 시점에서 다른 방식으로 출발했지만 현재는 행복가교 산하에 행복수업연구회가 흡수돼 함께 걸어나가고 있다.

먼저 행복수업연구회는 '행복수업 전문 강사'를 자처한 초·중·고 현직 교사들이 모여 만든 모임이다. 2011년 행복연구센터가 시범학교를 운영하며 만든 객원연구원 제도를 통해 시작된 행복수업연구회는, 그동안 행복연구센터와 긴밀하게 협조하며 행복교육 워크숍에서 실습 강사로 활동하거나 연구 모임, 역량 강화 워크숍 등을 자체적으로 추진하기도 했다.

'행복을 가르치는 교사들의 모임'이라는 뜻의 행복가교는 "전국에 흩어져 있는 행복 교사들이 서로 독려하고 응원할 수 있었으면 하는 바람"에서 출발한 자발적 교사 공동체로, 현재 전국 9개 지역에 지회를 설립해 활동 중이

다. 행복가교의 출발점은 2013년 11월 발족한 행복을 가르치는 전국교사모임(가칭)이었다. 이를 시작으로 단체의 구체적 목표와 만듦새에 관한 고민을 거듭한 끝에 2017년 3월 행복가교 창립총회를 열고, 양아가다 초대 이사장(전 대전성모초등학교 교장)을 중심으로 한 현재의 운영위원회가 꾸려졌다. 운영위원회 이사진으로 한원경 대구 황금중학교 교장, 김해숙 전 광주 숭의중학교 교장, 조남미 전남 강진 칠량중학교 수석 교사, 홍영일 행복연구센터 교육팀장이 참여하고 있으며, 배능재 대전성모초등학교 교사와 윤미숙 서울 목운중학교 교사는 감사로 활동 중이다. 2017년 8월, 행복가교는 또 한번의 도약을 시도했다. 서울특별시 교육청으로부터 사단법인으로 정식 인가를 받은 것이다. 이를 통해 명실상부한 행복 교사들의 대표 단체로 자리매김하게 된 행복가교는 현재 총 5개의 모임 분과를 통해 구체적인 목표를 설정하고 다양한 사업을 추진하고 있다. 전국 조직 관리를 담당하는 '행복드림팀', 지역 교사를 대상으로 행복 연수를 지원하는 '행복브로든', 행복연구와 교육을 담당하는 '행복연구소', 문화예술교육을 담당하는 '행복진주비', 콘텐츠 개발을 담당하는 '행복제작소'가 그것이다. 이를 통해 행복연구센터와 공동주관하는 '행복교육 학술대회'를 비롯해 '행복수업 역량 강화 세미나' '찾아가는 행복교실' 등을 진행한다.

한 시대를 대체 어떻게 살아가야 하는지, 그 철학에 대해서는 누구도 말해주지 않았어요. 새로운 시대에 걸맞은 방향성과 지향점을 이해하지 못하니 학생도, 학부모도, 교사도 혼돈의 시간을 보내고 있었던 거죠. 저 역시 산업시대의 낡은 가치관으로 학생들을 바라보고 있었기에 그렇게 힘들 수밖에 없었나 싶더라고요. 늘 학교에만 갇혀 있던 제가 그런 현실을 직시

행복을 배운 이들

행복수업의 당사자인 아이들은 이 수업을 어떻게 생각하고 있을까? 행복연구센터는 2013년과 2014년에 걸쳐 진행된 '행복스토리텔링 공모전'과 정기간행물 〈플랜팅 해피니스Planting Happiness〉, 행복수업 모니터링을 통해 아이들의 반응을 직접 살펴본 바 있다. 행복수업에 대한 반응은 각양각색이었지만, 아이들은 그 어느 교과목 시간보다 행복수업을 기다리는 듯했다.

"평소 나는 행복에 부정적이었다. 내게는 행복이 언제 오나, 왜 나는 행복하지 않을까 생각했었다. 하지만 행복수업을 하면서 행복은 멀지 않은 곳에, 바로 내 곁에 있다는 걸 알게 됐다. 행복수업을 하면서 '이런 게 바로 행복이구나' 하는 생각을 처음 해봤다. 수업을 통해 같은 반 친구가 좋아하는 것을 알게 되고 내 생각을 표현하면서 즐거움을 느꼈다. 이처럼 '사소한 일에도 행복을 느낄 수 있구나' 하는 생각을 매 수업 시간마다 한다."

"중학교에 입학하면서 엄마한테 짜증을 많이 냈다. 왜인지는 모르겠지만, 엄마는 왜 이런 걸 안 해줄까, 저런 걸 안 해줄까 하고 늘 생각하다 보니 화가 났던 것 같다. 그런데 행복수업에서 '감사하기'를 배우면서 생각이 달라졌다. 엄마가 나를 위해 매일 식사를 챙기고 학교를 잘 다닐 수 있게 도와주시는 것에 감사하게 됐다. 매일매일 감사 일기를 쓰면서부터 주변 사람들에게 고마운 마음이 생겼고, 덕분에 학교생활도 더 편안해진 것 같다."

"행복수업을 시작하기 전의 나는 '행복이 대체 무슨 의미인가' 싶은 생각을 자주 했었다. 평소 행복하다고 생각해본 적도 없었다. 그래서 행복수업이 나를 변화시킬 것이라는 기대는 전혀 없었다고 할 수 있다. 그런데 막상 시작하고 보니 친구들과 각자 행복에 대한 생각을 나누는 과정이 무척 즐거웠다. 행복에 대해 더 알고 싶다는 생각이 들었고, 예전에 읽었던 《행복》이라는 책을 다시 꺼내 들게 됐다."

"행복은 작은 것에서부터 시작된다는 사실을 알게 된 후, 내 주변의 사소한 것 하나하나를 돌아보게 됐다. 또 행복을 위해서 거창한 계획을 세우지 않아도 된다고 생각하니 마음이 편해졌다. 어떤 문제가 생겼을 때 긍정적으로 생각하면 차근차근 문제를 해결할 수 있으리라는 자신감 또한 생겼다."

"어릴 때부터 명확한 꿈을 가지고 있던 나는 어느 날 꿈이 흔들리기 시작했을 때 그 사실을 받아들이기가 힘들어 차라리 모든 걸 포기하고 싶은 마음마저 들었다. 그동안 꿈이 없는 친구들을 보며 속으로 얕잡아 봤던 내가 싫어지고, 이제는 그 친구들과 똑같은 상황에 놓여 있는 나 자신이 한없이 원망스러웠다. 그 순간 내게 빛이 되어 준 것이 도덕수업 시간에 들은 행복수업이다. 행복수업을 통해 많은 변화가 일어났는데, 주어진 상황에 감사를 느끼고 긍정적으로 생각하면서 내 태도 역시 점점 희망적으로 변했다. 나를 소중히 여겨야 하는 이유와 내가 진짜 원하는 것이 무엇인지 차근차근 알아가는 과정도 즐거웠다. '착한 아이 콤플렉스'를 갖고 있던 나는 나도 모르게 지나치게 나와 다른 사람을 비교하고 다른 이의 눈을 의식하며 살았던 것이다. 내가 꿈을 잃었던 것도, 나를 잃었던 것도 그 때문이었던 것 같다."

하고, 새로운 철학을 이해할 수 있게 도와준 것이 행복교육이었어요. 성공하면 행복해지는 것이 아니라 행복하면 성공한다는 새로운 지향점을 발견하게 된 것이죠."

과학 선생님에서 행복 선생님으로 변신한 배은희 교사는 창의적 체험학습 시간을 통해 행복수업을 진행하면서 아이들과 소통하는 기쁨을, 교사로서의 정체성을 회복할 수 있었다고 말한다. "예전에는 아이들에게 주로 '하지 말아라, 참아라, 고생하는 부모님을 생각해 더 열심히 공부해라' 같은 말을 했거든요. 그런데 이런 말이 요즘 아이들 머리와 마음에 어떻게 들어갈 수 있었겠어요. 그러나 '생각을 긍정적으로 바꾸자, 가진 것에 감사할 줄 아는 사람이 되자, 남과 비교하지 말고 자신을 있는 그대로 존중하고 키워 가는 사람이 되자, 어떤 사람으로 살아갈지 목표를 가진 사람이 되자'와 같은 말들은 아이들도 이해하고 반응을 하거든요. 소통이 시작되니 교사로서의 자신감도 조금씩 회복되고, 또 반성도 되더라고요. 그동안 나는 교사로서 나의 유능함을 검증해줄 도구로 아이들을 바라봤던 게 아닐까, 그래서 아이들의 성과에만 치중했던 게 아닐까 하는 생각이 들면서 저 자신을 되돌아보게 됐어요. 또 행복수업을 하면서 학생들이 나와 크게 다르지 않다는 걸 발견하게 됐죠. 각자 언제 행복함을 느끼는지, 무엇을 잘하고 무엇을 힘들어 하는지, 어떤 사람으로 살아가고 싶은지를 알게 되니 비로소 아이들을 이해하고 존중하게 되더군요. 그러면서 전에는 알지 못한 아이들의 가능성이 그제야 비로소 보이기 시작했어요. 교사가 학생들의 다양성을 존중하고 그들의 잠재력과 가능성을 스스로 찾을 수 있도록 도와주는 존재가 돼야 한다는 것을 이론이 아닌 실제로 느끼게 된 것이죠." 배은희 교사는 "행복수업을 하면서 아이들 하나하나의 목소리와 생각이 얼마나 다양하고 다른지 알게 된 것이 가장 기뻤다"고 회고했다.

행복수업,
어떻게 이뤄지나

"행복수업은 선생님마다 자기만의 방식으로 다양하게 이뤄지고 있어요. 구체적인 수업 방법은 크게 이론 중심과 활동(실습) 중심으로 나눌 수 있는데, 기본적인 방향은 행복연구센터에서 제시하지만 여기에 교사 개개인이 자신의 아이디어를 접목해 진행하는 식이죠." (홍영일 팀장) 행복수업은 《행복교과서》를 기본 바탕으로 삼지만 정식 교과목이 아닌 선택 과목으로 실시되는 만큼, 담당 교사에 따라 각기 다른 방식으로 수업을 구성하고 진행하는 것을 지향한다. 그만큼 교사의 자발적인 참여를 중요하게 생각하며, 행복연구센터 역시 "교사의 상황에 따라 유연하게 적용"하길 권하고 있다.

예를 들어 초등학교에 근무하고 있는 강진희 교사는 "행복수업을 막 시작했을 때는 심화 워크숍에서 받은 PPT를 적극 활용해 수업을 했지만 지금은 한 시간을 온전히 행복수업에 쏟기보다 행복수업 콘텐츠와 교육과정의 연결 지점을 찾아 부분적으로 활용하는 경우가 더 많다"고 말한다. 연수를 통해 노하우를 익히며 자신만의 교수법을 찾게 된 셈이다. "학급 운영에서 학생들 사이의 관계를 돈독히 하기 위한 방법으로 행복수업 콘텐츠를 활용하기도 합니다. 예를 들어 잘 웃는 친구를 보면 '우리 친구는 늘 뒤센 스마일을 하니까 매일매일이 행복하겠구나!'라고 이야기하는 식이죠." 중학생을 가르쳤던 오진아 교사는 행복수업을 협동 학습에 접목하는 방법을 적극 활용했다. 학생들에게 행복수업은 '친구들과 함께하는 수업' 이라고 인지시키기 좋고 효율적으로 수업을 진행하기도 좋은 방법이라는 것이다. 반대로 고 등학교에서 '진로와 직업'을 가르치는 은혜정 교사는 활동 중심보다 고등학생의 인지 수준에 맞춰 생각할거리와 질문을 던지는 수업으로 방향을 바꿨다. 처음에는 교사 연수에서 배운 내용을 토대로 행복수업을 했지만 "매해 만나게 되는 아이들의 생각의 깊이와 수준에 따라 행복수업도 다르게 접근해야 한다는 생각이 들었다"는 그는 이제 나름의 방식을 찾아 행복 수업을 실행하고 있다.

행복수업은 도덕, 사회, 진로와 직업 등 행복과 그 내용이 느슨하게나마 연계된 수업을 활용하는 방식으로 이뤄지는 경우가 가장 많다. 또 창의적 체험학습 시간을 이용하거나 중 학교의 자유학기제 주제선택 과목 시간을 활용하기도 한다. 홍영일 팀장은 "창의적 체험학 습과 자유학기제의 주제선택 과목을 활용하는 것이 가장 내실 있는 행복수업을 진행하는 방법"이라고 조언한다. 더불어 "국어, 영어, 수학, 과학, 사회, 음악, 미술, 체육, 기술가정과 같 은 정규교과에 접목해 행복수업을 실시하는 교사들도 상당히 늘어난 상황"이라고 설명했다.

수업 시수도 상황에 따라 유연하게 적용되는데, 정식 교과과정처럼 매주 1차시씩 진행하 는 학교가 있는가 하면 행복수업 이론과 활동을 2차시로 묶어 블록타임제로 운영하는 경우 도 있다. 또 교사의 선택에 따라 한 학기 수업으로 편성하기도, 아예 1년 과정으로 편성하기 도 한다. 부득이한 경우에는 학년 말 기말고사가 끝나고 남는 시간 동안 행복수업을 집중적 으로 진행하거나, 동아리 수업 또는 집단상담 수업에서 《행복교과서》를 활용하는 방법도 이 뤄지고 있다. 일례로 초등학교에서 행복수업을 하는 강진희 교사의 경우 "매주 2시간씩 행 복수업을 할 경우 10주가 필요하지만 교과과정의 재구성 정도와 행복 교사가 담임인지 전담 교사인지에 따라, 또 전담일 경우 과목이 무엇인지에 따라 모두 달라지기에 일반화하기는 어 렵다"고 설명한다. "교사의 상황에 맞게 수업 시간을 모두 달리 반영해야 한다"는 얘기다. 중 학교에서 행복수업을 진행한 오진아 교사는 《행복교과서》 한 챕터에 이론 및 영상수업 2시 간, 활동수업을 2시간 하는 것을 목표로 둔다면 10개 챕터에 최소 40시간은 필요하다"고 말 한다. 중학교에서 주 1회, 1년간 수업할 경우 34차시가 확보되지만 "학교 행사 등 누락되는 시간을 고려하면 1년 6개월에서 2년은 필요하다"는 게 오진아 교사의 판단이다. 반면 고등학 교에서 행복수업을 진행한 은혜정 교사의 경우, 《행복교과서》 1개 챕터를 소화할 시간으로 1~3시간을 잡았고 "주당 1차시 수업을 한다고 가정하면 1년 정도가 필요하다"고 설명했다.

이처럼 상황에 따라 진도를 나가는 과정도, 시간도 유연하게 적용되기 때문에 때로는 교 과서 중 강조하고 싶은 일부 챕터를 여러 번 수업하기도 하고 다른 정규교과처럼 일정한 시 간을 배분하기도 한다. 예를 들어 《행복교과서》의 주제 중 하나인 '감사하기'의 경우, 감사일 기 쓰기를 한두 번 수업하고 끝내는 것이 아니라 한 학기 혹은 1년 동안 꾸준히 진행해 '감사

일기 습관화'를 목표로 삼을 수도 있다. 수업 진도 역시 유연하게 적용하는 것이 가능하다. 홍영일 팀장은 "학년 초에는 새로 편성된 학급에서 처음 만난 아이들을 위해 '관계 돈독히 하기' 수업을 먼저 진행하고, 반대로 학기 말에는 1년을 마무리하는 시점에서 '용서하기' 또는 '사과하기' 수업을 하는 것이 도움이 될 것"이라고 조언했다.

　　행복 교사들이 가장 많이 하는 고민 중 하나인 수업 평가도 마찬가지다. 이 역시 정답은 없다. 수업 적용 방식에 따라 평가가 가능할 때도, 가능하지 않을 때도 있다. 그러나 많은 교사가 학생과 나누는 피드백의 중요성에는 공감했다. "학생 평가를 하지 않더라도 행복수업에서 실시한 활동과 변화에 대해 학생 개개인에 맞게 기록을 해두는 게 도움이 된다"는 것이다. 반대로 홍영일 팀장은 "많은 교사들이 일반적으로 행복수업의 효과를 확인하기 위해서 평가를 선택하곤 하는데, 정작 학생들은 평가에 개의치 않는다"고 덧붙였다. 모니터링을 통해 여러 차례에 걸쳐 학생들을 만나 인터뷰를 진행하면서 그가 가장 많이 접한 반응은 "행복수업은 모두가 열심히 참여하고 또 경쟁하지 않아서 좋다"는 것이었다. 수행평가를 한다 하더라도 이를 의식하는 것은 일부 학생에 불과하고, 그마저도 시간이 지나면 행복수업 자체에 집중하게 돼 점점 평가를 의식하지 않게 된다는 것이 그의 설명이다. 때문에 그는 "평가는 일종의 동기 부여 차원에서 도움이 될 수는 있겠지만 수업 참여도를 높이는 데는 그리 큰 요소는 아니다"고 강조했다. 더불어 교사가 자신의 행복수업이 얼마나 잘 진행되고 있는지를 확인하는 방법은 따로 있다고 전했다. "행복수업이 잘되고 있는지 아닌지는 교사가 제일 먼저 느낄 수 있을 거예요. 예전에는 교무실에 잘 찾아오지 않던 학생들이 행복수업에 대해 이것저것 질문을 하러 찾아오기 때문이죠. 많은 교사가 아이들이 스스로 교사를 찾아오는 것이 행복수업이 가져온 가장 큰 변화라고 이야기하거든요."

행복수업 프로젝트, 7년의 성과

2012년 1월, 행복교육이 공식적인 첫발을 뗐다. 그렇다면 지난 7년간[1] 대한민국 행복교육의 양적 성장은 얼마나 이루어졌을까? 행복연구센터에서 집계한 결과, 2012년 1학기부터 2018년 2학기까지 전국에서 행복을 가르친 학교는 모두 2,746곳이었다. 이들 학교에서 행복수업을 한 번 이상 경험한 학생은 123만 명이었으며, 약 36만 권의 《행복교과서》가 보급되었다. 만 7년이라는 시간 동안 일군 작지 않은 성과다.

　　2012년 1학기, 207개 학교에서 시작된 행복수업은 1년 반이 지난 2013년 2학기에 이르러 두 배 이상 늘어나 480개 학교에서 실행됐다. 초창기 주력 대상이었던 중학교에서 가장 빠른 성장을 이뤘고, 2014년부터는 초등학교와 고등학교의 참여율도 눈에 띄게 늘어났다. 행복연구센터에서 기초-심화 워크숍을 가장 활발히 진행한 2015년 2학기에는 전국에서 가장 많은 학교가 행복교육에 참여했다. 초등 193개, 중등 780개, 고등 및 기타 123개가 참여해 총 1,096개 학교가 행복수업을 시행해 가장 큰 양적 성장을 이뤄낸 것이다.

　　행복교육의 성장 과정을 초·중·고별로 세세히 들여다보면, 우선 초등학교에서는 2015년

1. 행복교육 프로젝트가 시작돼 2019년 현재, 8년째에 접어들고 있다. 그러나 행복연구센터가 진행한 행복수업 통계 현황은 2018년 2학기를 기준으로 삼고 있으므로 본 글에 소개되는 통계는 7년간의 성과에 해당한다.

을 기점으로 행복수업이 눈에 띄게 확산되었음을 알 수 있다. 2014년 2월 발간된 초등용 《행복교과서》 덕분이다. 2014년 2월, 34개 학교에 머물던 초등 행복교육은 초등용 《행복교과서》 발행과 함께 2015년 2학기 193개 학교로 그 수가 껑충 뛰어올랐다. 이후 2016년부터 2018년까지는 평균 약 150여 개 학교가 꾸준히 행복수업을 진행해오고 있다. 참여 학생 수는 2012년 2학기 185명으로 시작해 2015년 2학기에는 1만 6,567명까지 확대됐다. 우정은 연구원은 "초등용 《행복교과서》 발간 이후, 초등 교사들의 연수 신청 비율도 빠르게 성장했다"고 설명한다. 이전까지 한 자릿수에 머물던 기초 워크숍 참여 교사 수는 교과서가 발행된 시점인 2014년 2학기부터 급성장했고, 이후 매 학기마다 200명 안팎의 초등 교사가 꾸준히 기초 연수에 참여하고 있다. 초등 교사들의 신규 유입이 꾸준하다는 것은 그만큼 초등학교에서 행복교육에 대한 관심이 지속적으로 유지되고 있다는 반증일 것이다. "초등학교는 입시

홍영일 행복연구센터 교육팀장이
제안하는 행복수업 TIP

행복수업, 강의할 것인가, 실습할 것인가?
행복수업은 다양한 형태로 전개되는 수업인 만큼 교사가 스스로 가장 잘 가르칠 수 있는 방식을 찾는 것이 중요하다. 교육 방법적인 측면에서는 크게 두 가지, 이야기식으로 풀어서 강의하는 방식과 아이들과 여러 가지 수업 활동을 구상해 진행하는 방식으로 나눌 수 있다. 먼저 이 중에서 자신이 가장 편한 방법을 선택하고, 구체적인 교수법은 교사 스스로가 유능감을 가질 수 있는 방법 위에 '행복'이라는 주제를 담는다고 생각하길 권한다.

행복수업의 시작과 끝에 특별한 활동이 필요할까?
행복수업을 시작할 때 아이들이 규칙적인 행동을 하면서 일사불란하게 수업을 준비할 수 있도록 하는 '루틴'을 만들어두는 것이 좋다. 행복수업을 시작하기 전에 자주 사용하는 실습 재료를 바구니에 모둠별로 준비하고 대표자(모둠 장)를 지정해 수업 재료를 가지고 오도록 한다거나, 교실에 들어가자마자 아이들과 행복 교사가 함께 특정한 노래를 합창하는 경우도 있다. 수업이 끝날 때도 마찬가지다.

행복수업은 학생 참여와 활동을 도입하는 경우가 많아 왁자지껄하고 요란스럽게 진행되는 경우가 많다. 때문에 마지막에 수업을 마무리하는 간단한 방식을 정해두면 아이들이 주도적으로 참여하되 적극적으로 마무리까지 할 수 있을 것이다.

행복수업에 관심 없는 아이들을 어떻게 이끌어야 할까?
교실에는 말을 듣지 않는 아이, 수업에 관심 없는 아이, 잠을 자는 아이가 늘 있기 마련이다. 행복수업이라고 해서 크게 다르지 않다. 그런데 많은 선생님이 행복수업을 시작하기도 전에 이런 아이들을 어떻게 다루어야 할지부터 고민하곤 한다. 행복연구센터에서는 이제는 베테랑이 된 선생님들께 이러한 문제 상황에 대한 대처 요령을 조사한 적이 있었다. 그런데 가장 많은 대답이 "문제 아이들이나 수업에 관심 없는 아이들을 그냥 내버려두라"는 것이었다. 정작 행복수업이 필요한 이는 바로 그런 아이들이 아닌가 하고 의문이 들겠지만, 행복수업의 경력이 많은 교사들은 이렇게 말한다. "자는 아이를 바라보는 교사의 관점이 넓어지면 된다"고. "얼마나 힘들면 수업 시간에 잠을 잘까? 잠이 쏟아지니 일단 자라" 하는 마음으로 편하게 내려놓고, 수업에 참여하는 아이들과 수업을 하면 된다는 것이다. 그렇게 수업이 진행되면 친구들이 왁자지껄 웃고 깔깔대는 소리에 잠자던 아이들도 호기심이 생기기 마련이란다. 또 시간이 지날수

부담이 가장 적고 상대적으로 수업 시수 확보가 용이하다는 점 때문에 행복교육에 대한 관심이 지속적으로 이어질 수 있다"는 게 우정은 연구원의 설명이다.

행복연구센터가 행복교육의 구심점으로 삼았던 중학교는 초창기부터 괄목할 만한 성장을 보였다. 2012년 1학기 193개 중학교가 행복수업에 참여한 것을 시작으로 2015년 2학기에는 780개 학교까지 대폭 확대됐으며, 참여 학생의 규모 역시 2012년 1학기 5만 901명으로 출발해 2015년 2학기가 됐을 땐 12만 7,436명까지 치솟았다. 그 결과 2018년 말 기준, 전국의 중학교 약 3,200여 곳 가운데 1,708개 학교가 행복수업에 참여해, 적어도 둘 중 한 곳에서는 행복수업을 실시한 경험이 있는 것으로 나타났다.

이렇게 초등학교보다 중학교에서 확산 속도가 더 빠를 수 있었던 이유는 교과 운영 방식에 기인한다. 담임 선생님이 모든 교과목을 가르치는 초등학교에서는 행복 교사 한 명당 학

록 그런 아이들이 반응하고 활동에 참여하게 되는 변화가 나타난다고 자신했다. 공부 잘하는 아이들의 경우 성적에 반영되는 교과를 중시하는 경향이 강해 행복수업 시간에는 문제집을 푸는 경우도 있는데, 이럴 때에도 교사가 여유 있는 태도를 갖는 것이 좋다. "문제집을 풀어도 괜찮아. 이 수업은 자유롭게 해도 돼"라고 말해도 대략 한 달 정도 지나면 해당 학생이 수업에 가장 열심히 참여하는 아이로 돌변한다고 했다. 행복수업이 그 아이에게는 스트레스를 해소할 수 있는 유일한 시간이 되어주기 때문이다.

행복수업은 만병통치약일까?

행복수업은 학교 현장의 고질적인 문제들을 해결해주는 만병통치약이 아니다. 때문에 교사들도 행복수업에 막연한 기대를 가지지 않길 바란다. 행복수업은 오히려 아이들에게 구구단을 외우도록 하는 것과 비슷하다. 구구단을 외워두면 지금 당장 쓰지 않더라도 언젠가 필요할 때 기억할 수 있듯이, 행복수업도 머릿속에 각인시키는 것이 중요하고 그 효과 역시 한 사람의 인생을 두고 길게 보는 것이 좋다.

행복수업을 지속적으로 할 수 있는 방법은 무엇일까?

특히 행복수업에 입문한 교사의 경우 수업 유형에 제약받지 않고 활용 가능한 시간을 최대한 확보해, 그 안에서 행복수업에 도전하는

것이 중요하다. 행복수업은 행복에 관한 지식, 그리고 행복한 삶을 위한 올바른 관점과 습관은 무엇인지에 대한 지식을 체계적으로 가르치고 배우면서 각자의 삶에서 실천할 수 있도록 연습하는 수업이다. 그러니 행복수업에서는 학생들이 자기 삶과 자기 자신에 대해서 질문을 던져볼 수 있는 '멈춤의 기회'를 제공해주는 것이 무엇보다 중요하다. 이 점을 염두에 둔다면, 행복을 가르치는 수업을 설계할 때도 설계의 폭과 깊이에 융통성을 가질 수 있을 것이다. 교사가 부담스럽지 않은 틀을 찾아내는 것이 중요한데, 교사의 부담을 덜어야 행복교육을 지속성 있게 해나갈 수 있기 때문이다.

행복수업의 효과성을 높이려면?

첫째, 행복수업은 반복할수록 효과가 있다. 반복적으로 행복수업을 하는 학교에서는 학생들의 행복감이 지속적으로 올라간다는 것이 통계적으로도 확인되었다. 행복수업을 하기로 마음먹었다면 처음부터 장기적인 목표를 갖고 시작하길 권한다. 둘째, 행복수업이 중요하다고 인식할수록 효과가 있다. 비단 행복수업뿐만 아니라 모든 교육에서 비슷하게 나타나는 현상이다. '이 교육이 나에게 중요하다'고 생각하는 학생에게 더 큰 효과가 나타난다. 즉 학생들이 행복수업을 중요하다고 생각할 수 있도록 동기 부여를 충분히 한 상태에서 행복수업이 이루어지는 것이 좋다.

생 수가 필연적으로 적을 수밖에 없다. 행복 교사가 담임을 맡고 있는 한 반에서만 행복수업을 진행하기 때문이다. 그러나 중학교에서는 도덕, 국어, 진로 등 특정 과목 교사가 여러 반에서 행복수업을 진행하거나, 창의적 체험학습과 동아리 등 활용할 수 있는 시간이 많고 상대적으로 대상 범위도 넓다. 또 2016년부터 전국 중학교에서 시행된 자유학기제(시험 부담 없이 진로 탐색에 주력하는 학기) 역시 행복수업 확산에 큰 도움이 되었다. 고등학교에서는 지금까지 431개 학교, 16만 4,433명의 학생이 행복수업과 만났다. 2012년 1학기 12개 학교에서 시작된 고등 행복수업은 2015년 2학기 113개 학교로 성장했으며, 점차 감소 추세를 보이다 2017년 2학기 109개 학교로 다시 확산돼 최근 몇 년간은 평균 100여 개 학교가 참여하고 있다. 고등학교는 행복수업 적용 방식이 중학교와 비슷해, 초등학교에 비하면 참여 학교 수는 적으나 참여 학생 범위는 훨씬 넓다는 점이 특징이다. 참여 학생 수의 변화를 살펴보면 2012년 1학기 3,525명으로 출발해 2014년 1학기에는 두 배에 달하는 6,243명으로 확대됐고 2015년 2학기에 들어서는 2만 695명으로 치솟았다. 또 2017년 2학기에는 2만 7,066명으로 최대치를 기록했다.

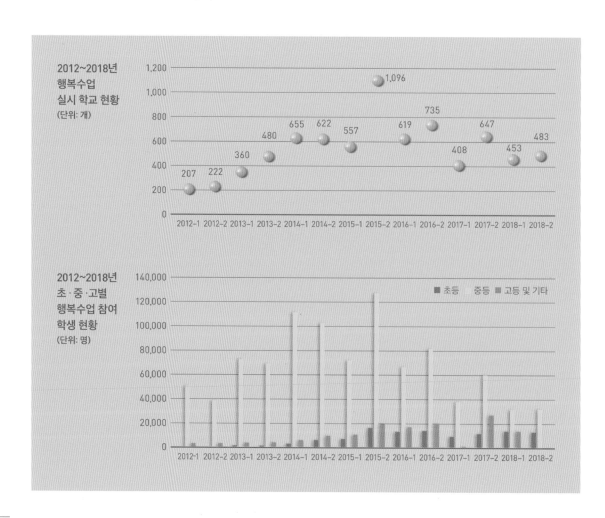

2012~2018년
행복수업
실시 학교 현황
(단위: 개)

2012~2018년
초·중·고별
행복수업 참여
학생 현황
(단위: 명)

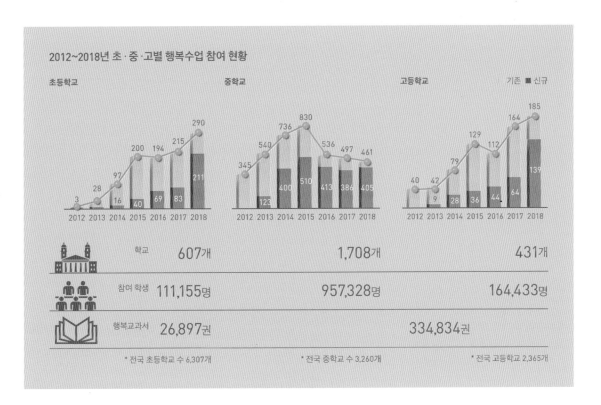

2012~2018년 초·중·고별 행복수업 참여 현황

초등학교		중학교		고등학교	기존 ■신규
학교	607개		1,708개		431개
참여 학생	111,155명		957,328명		164,433명
행복교과서	26,897권		334,834권		

초등학교
2012: 3, 2013: 28, 16, 2014: 97, 40, 2015: 200, 69, 2016: 194, 83, 2017: 215, 211, 2018: 290

중학교
2012: 345, 123, 2013: 540, 2014: 736, 400, 2015: 830, 510, 2016: 536, 413, 2017: 497, 386, 2018: 461, 405

고등학교
2012: 40, 9, 2013: 42, 28, 2014: 79, 36, 2015: 129, 44, 2016: 112, 64, 2017: 164, 139, 2018: 185

* 전국 초등학교 수 6,307개   * 전국 중학교 수 3,260개   * 전국 고등학교 2,365개

고등학교에서의 행복교육이 완만하지만 꾸준한 성장을 이어가고 있다는 점은 시사하는 바가 크다. 입시 부담이 가장 큰 고등학교는 학생과 교사, 나아가 학부모들 사이에서 행복교육에 대한 저항이 거센 편이다. "공부만 하기에도 시간이 모자란데 무슨 행복수업을 하느냐"는 것이다. 이런 반대에 종종 부딪히다 보니 확산 속도는 느릴 수밖에 없었다. 그러나 그와 반대로 입시 스트레스가 큰 고등학생 때야 말로 행복수업이 가장 필요한 시기일지 모른다는 생각이 교사들 사이에서 넓게 공감을 일으킨 덕에 행복수업의 확산 속도도 꾸준하게 성장하고 있다. "고등학생을 대상으로 따로 《행복교과서》를 만들지도 않았고, 여러모로 시수 확보가 어려운 상황이죠. 그런데 이런 조건에서도 이만큼 꾸준히 확산되고 있는 걸 보면 입시 스트레스를 관리하기 위해서라도 고등학교에서 행복수업을 하는 것이 꼭 필요하다고 판단하는 분들이 많아진 게 아닐까 싶습니다." (우정은 연구원)

최인철 행복연구센터장은 "전국의 많은 학교들이 한번쯤 행복수업을 접해봤을 정도로 행복교육이 양적인 성취를 이뤘다는 점, 참여 교사의 경우 수적인 성장만 있었던 게 아니라 개개인이 진정성을 갖고 행복수업에 참여했다는 점이 행복교육 10년의 놀라운 성취"라고 말한다. 대한민국의 학교 현장에서 행복수업이 가능하다는 것을 보여준 지금, 행복연구센터는 앞으로 중등용 《행복교과서》 시즌2 개발과 일부 교과목에 접목한 수업 개발, 그리고 학부모 교육 등 콘텐츠 다각화에 집중해 행복교육의 양적 성장뿐 아니라 질적 성장에 더욱 힘을 실을 방침이다. ✄

학교, 행복수업으로
날아오르다

학교와 교과 상황에 맞게 융통성을 갖고 꾸려지는 행복수업에는 '정답'이 없지만 이상적인 행복수업을 실천 중인 '모범 사례'는 분명 존재한다. 대구 황금중학교와 온양 한올고등학교가 바로 그런 곳들이다. 황금중학교는 비전·철학·미션 과제·전략에 이르는 학교 전반의 운영을 '행복'에 바탕을 두고 실행 중이다. 또 한올고등학교는 본디 학교가 진행하던 특별 프로그램에 행복수업을 접목해 차별화된 방식으로 행복수업의 새로운 지평을 열었다. 앞서 행복수업 프로젝트의 10년사를 정리했다면 이제는 행복수업 현장으로 직접 들어가 행복교육이 실제 어떻게 이뤄지고 있는지, 그 생생한 모습을 살핀다.

'행복교육을
비전으로 삼다'
대구 황금중학교

대구 황금중학교는 전 학년, 전 교과에 행복수업을 적용하고, '행복'을 학교의 비전과 철학으로 두고 있다는 점에서 행복교육의 중요한 모델이다. 황금중학교에 근무하기 전, 경북대학교 사범대학부속중학교(이하 경북대 사대부중)에 몸담았던 한원경 교장은 그곳에서 이미 행복수업을 학교 전체의 비전으로 삼은 경험이 있다. 2012년 3월, 경북대 사대부중에 부임한 그는 1년간의 준비 기간을 거쳐 학교의 비전·철학·미션 과제·전략을 행복을 중심으로 모두 바꾸었다. '행복한 삶을 살아갈 수 있는 능력을 배우고, 의미 있는 성장을 하는 학교'를 비전으로 내세우고 이를 실천하기 위한 4대 철학으로 행복권 보장, 성장 지원, 자발성 존중, 지역성 존중을 제시했다. 또 학생들이 실천할 수 있는 하루하루의 생활 목표를 '우리는 오늘 행복했어요. 함께 성장했어요'로 정해 현수막으로 만들어 교문에 걸었다.

비전과 철학에 맞춘 다섯 가지 추진 전략은 행복교육을 더욱 구체화시켰다. 3년 내내 행복수업을 진행하고 일반 교과 시간에는 행복의 덕목을 중심으로 재구성해 적용했다. 선생님들이 행복수업 전문가로 성장할 수 있도록 지원하고 학생과 교사가 배움의 공동체, 소통과 협력의 교육 공동체가 되도록 하겠다는 것도 같은 맥락에서 나온 추진 전략이다. 또한 행복교육부, 수업지원부와 교내 수업 연구회를 만들어 행복의 덕목을 중심으로 재구성한 행복수업을 한 달에 4번, 과목별, 반별, 학년별, 전교 차원의 공개 수업으로 만들어 교육의 질을 높이기 위해 노력했다. 또 지역 인사가 학습에 참여할 수 있는 방안을 만들고, 학부모를 대상으로 한 행복교육을 24차시에 걸쳐 직접 진행하기도 했다. 전 교사가 행복수업 워크숍에 참여했음은 물론이다.

3년 반의 시간이 흐른 뒤 경북대 사대부중을 떠난 한원경 교장은 2019년 3월, 황금중학교에 부임하며 다시 한 번 '행복'을 키워드로 삼았다. 황금중학교의 비전은 행복에 미래를 더해 '미래를 배우며 행복을 만들어간다'로 정했다. 또한 핵심 전략으로 행복 중심의 교육과정 운영, 모든 학생들의 성공적 배움 지원, 지능정보 중심의 수업 내용과 방법, 구성의 자율성 존중 등을 내세웠다. 이에 맞춘 교육 목표 역시 행복역량 개발과 행복역량 교육 활동 지원에 포커스를 뒀다.

학교 운영의 방향성을 정한 뒤에는 행복수업을 교실 전반에서 운영할 수 있는 방안을 본격적으로 준비했다. 우선 40명 남짓한 교사 가운데 37명이 함께 사이버 연수를 들으며 행복교육에 입문했다. 다행히 행복수업은 2019년 1학기부터 곧바로 운영할 수 있었다. 한원경 교장이 부임할 당시 이미 3명의 교사가 행복수업 워크숍을 이수한 덕분이었다. 현재 황금중학교에서는 기존의 행복 교사들이 주축이 돼 1, 2학년에서 행복수업을 우선 실시하고 있으며, 3학년은 2학기 기말고사 이후 집중적으로 행복수업을 해나갈 계획을 잡고 있다. 이 밖에도 전교 차원에서 감

사일기 쓰기를 실시하는 등, 학교의 전반적인 환경을 '감사'에 초점을 맞춰 조성했다. 학교 곳곳에 행복과 감사에 관한 명언과 문구를 배치해 아이들이 일상적으로 이를 떠올리고 곱씹게 만든 것이다. 황금중학교의 교훈 중 하나인 '감사할 줄 아는 사람이 되자'와 비 막이 지붕 아래에 붙인 주의 메시지 '매달리지 않아주서서 감사합니다', 본관 현관에 붙은 '행복은 마음에 달려 있다' 같은 문구들이 바로 중등용 《행복교과서》의 9개 덕목을 반영한 것이다. 또한 한원경 교장이 직접 선별하고 제작해 '감사하는 마음은 다른 사람이 아니라 자기 자신의 평화를 위한 감정이다'(작가 이어령), '인생에서 가장 중요한 것은 좋은 스승, 좋은 친구, 좋은 사람을 많이 가지는 것이다. 그리고 그 인간관계에서 핵심은 감사이다'(지구물리학자 다케우치 히토시), '감사하는 사람들은 인생의 힘들고 비통한 기억 속에서도 기뻐하는 법을 배운다'(작가·사제 헨리 나우웬) 등 감사에 대한 100가지 격언을 학교 울타리 주변에 전시하기도 했다.

한원경 교장은 "행복교육은 미명의 시간을 살고 있는

아이들에게 한줄기 빛을 비추는 일"이라고 말한다. 만약 한 사람의 인생을 24시간으로 축약한다면, 중학교 학생들은 새벽 4시 정도의 시간을 살고 있는 셈이니 인생의 새벽, 미명의 시기에 있다는 것이다. 그런 시기에 행복수업에 노출된다는 것만으로도 아이들에게는 큰 선물이라는 것이 그의 생각이다. "중학교 때 평생을 행복하게 살아갈 수 있는 방법을 배우고 실천할 수 있도록 돕는 행복교육을 접하게 되면 앞으로의 인생에서도 건강한 방향을 세울 수 있으리라고 기대하고 있어요. 그러려면 행복도 마음의 능력이라는 관점을 가지고 집중적으로 가르쳐야 합니다. 사람이 운동을 할 때에도 지속적으로 해야지만 근육

을 키울 수 있듯이, 행복도 끊임없이 배우고 실천해야 그 근육이 길러지는 것이죠. 학교가 잘 가르치고 실천하게 해서 행복을 볼 줄 아는 눈을 길러준다면 학생 스스로 행복을 느끼고 자기 행복을 관리할 줄 아는 사람이 될 거예요. 그런 뒤에는 남의 행복에도 관심을 기울이고 도움을 주는 사람이 되지 않을까요?"

일부 행복 교사들은 활동이 많은 행복수업에 필요한 기자재와 비품 등을 혼자 감당하기 어려워 수업을 포기하기도 한다. 여느 수업과 마찬가지로 행복수업도 학교의 지원이 반드시 필요한 부분이 있게 마련이고, 이럴 때 교감과 교장 등 학교 관리자의 이해와 응원이 뒷받침되

대구 황금중학교
한원경 교장과의 대화

한원경 교장은 그동안 대구 지역 교육계 전반을 두루 아우르며 아침 독서 10분 운동, 삶 쓰기 100자 운동, 디베이트 중심 도시 대구 만들기 프로젝트, 북스타트, 학생 저자 10만 양성 프로젝트 등 혁신적인 독서·글쓰기 캠페인을 펼친 인물로 유명하다. 그런 그가 경북대 사대부중에 이어 황금중학교에서 잇달아 '행복'이란 화두를 내세웠다. 그가 교육의 지향점 중 하나로 행복교육에 주목하는 이유는 무엇일까?

2012년 경북대 사대부중 교장으로 부임해 행복수업을 학교 안에 정착시켰다. 그리고 2014년에는 행복수업을 도입한 학교를 대상으로 한 행복연구센터의 평가에서 사대부중이 전국 최우수 학교로 선정되기도 했다. 이어 황금중학교에서도 전교에 행복교육을 적용하고 있는데, 이렇게 적극적으로 행복교육에 임하고 관심을 갖게 된 이유는 무엇인가?
18년간 국어교사로 재직하다 장학사, 장학관 등으로 대구광역시 교육청에 들어가 12년 동안 더 일했다. 교육청에 들어가

면서 그런 생각을 했다. 나는 절대로 학교를 괴롭히는 전문직이 되지는 않겠다고.(웃음) 학교에서 보고만 받을 게 아니라, 내가 준비할 수 있는 걸 스스로 만들어서 하겠다고 맹세했다. 그리고 처음 시작한 것이 독서교육이었다. 일본 아침 독서운동의 제창자인 하야시 히로시가 쓴 책 《아침 독서 10분이 기적을 만든다》를 읽고 크게 자극을 받았는데, 이를 대구에 정착하면 좋겠다는 생각으로 2005년부터 '아침 독서 10분 운동'을 시작했다. 이후로 글쓰기, 책 쓰기, 토론교육을 대구에서 직접 추진했다. 학교라는 공간이 아이들에게 꿈을 꾸고 희망을 갖게 만드는 곳인데, 그렇다면 무엇을 가지고 꿈을 꾸게 할 것인가를 두고 전문직으로 일하면서 오랫동안 고민한 것이다. 보통의 일반계 고등학교는 입시 성적을 가지고 꿈꾸게 하지만, 그것은 결과물이지 본질은 아니다. 그러다 2011년, 서울대학교 행복연구센터에서 《행복교과서》가 출간된 것을 보고 행복교육 연수를 신청하게 됐다. 교장 발령을 앞두고 있기도 해서 이런저런 고민을 하다가 행복수업 워크숍에 갔는데, 아이들이 행복을 가지고 꿈을 꾸게 해야겠다는 생각이 들더라. 우리 세대는 내일의 행복을 위해 오늘의 행복을 참고 견디는, '고진감래'가 주된 가치관이었지만 지금 아이들은 오늘의 행복이 중요한 가치. 수업도 친구 관계도 행복을 중심으로 돌아간다. 오늘날 '소확행(작

지 않는다면 행복수업을 원활히 진행하기가 어렵다. 그렇기에 교장이 주도적으로 행복수업을 실시하고 있는 황금중학교가 더욱 기대를 모으고 있는 것인지 모른다. "교육개혁 연구와 실천 운동을 하는 시민단체 '교육을 바꾸는 사람들'의 이찬성 대표는 이런 말을 하셨어요. 우리 교육은 한 지붕 아래서 자영업자 역할을 하고 있다고. 한 학교에서 일을 하지만 자기 수업만 열심히 한다는 거예요. 그러면서 이제는 한 지붕 아래 사는 동업자가 되어야 한다고 말해요. 모든 교사들이 비전의 공유자, 실천자가 돼야 한다는 것이죠. 교장, 교감도 마찬가지예요. 학교의 비전에 적극 참여하고 실천해야 해요. 행복수업을 교사 개인이 하게 되면 '개인의 비전'이 되지만 교장, 교감이 하면 '학교의 비전'으로 승화할 수 있어요." 한원경 교장은 행복교육이 학교의 비전이 될 때, 예산 확보와 교육과정의 재구성 등 전반적인 지원 체계가 더욱 수월해질 수 있다고 조언한다. 장기적인 행복교육을 기대할 수 있는 방법이기도 하다. "행복교육을 비전으로 세우고 모든 구성원이 함께 실천하는 공동 실천자가 되면 행복교육을 장기간 지속할 수 있습니다. 그렇지 않으면 예산 투자뿐 아니라 근본적인 관심을 기울이기가 힘들어요. 뜻있는 교사가 행복수업을 실시하더라도, 그 선생님이 자리를 이동하면 끝나버리니까 학교에서는 투자를 하기 어려운 것이죠."

지만 확실한 행복)'이라는 말이 등장한 이유일 것이다. 그러니 아이들에게는 일상에서 행복하게 생활하고 즐겁게 공부하는 곳이 학교가 되어야 한다는 확신이 생겼고, 학교로 돌아가면 긍정심리학을 근거로 한 행복수업을 제대로 해보고 싶었다.

경북대 사대부중에서 진행한 행복교육 방식은 황금중학교에서 어떻게 달라졌나?
올해 부임한 황금중학교는 사대부중과 여러 가지로 상황이 달라 이전에 해오던 것들을 그대로 적용하기는 어려웠다. 또한 행복만으로는 부족하다고 느껴 '미래'를 핵심 키워드로 함께 내세웠다. 그래서 나온 비전이 '미래를 배우며 행복을 만들어간다'이다. 철학은 사대부중과 비슷하게 잡고, 대신 인재상을 만들었다. 이는 '가치 있는 질문을 하며 함께 행복한 사람'으로 정했다. 미래에 필요한 능력은 문제 해결 능력이 아니라 문제를 만들어낼 수 있는 능력이다. '백성들이 쉽게 배우고 쓸 수 있는 글자를 만들 수 없을까' 하는 세종대왕의 가치 있는 질문이 한글을 만들었듯이, 우리 아이들도 그런 질문을 던질 수 있는 인재로 키우는 것이 중요하다고 생각해서다. 그리고 행복교육에 대한 전교생 대상 수업, 전 과목 교과목 재구성, 감사일기 쓰기, 감사 환경 조성 등을 그대로 이어왔다.

행복교육이 낯선 교사들을 설득하는 것도 중요한 일이었을 것 같다.
마흔이 넘은 사람이 바뀌길 기대하는 것은 '실례'라고 하지 않나. 그러니 교사들에게 행복수업을 무조건 하라고 강요하기보다는 자유롭게 경험할 수 있도록 환경을 제공하는 것이 옳다고 생각한다. 내가 믿는 것은 누구라도 일단 경험을 하게 되면 행복교육을 긍정적으로 받아들일 수 있으리라는 것이다. 실제로 30여 명의 교사들이 온라인 프로그램 '티처빌'로 행복교육 연수를 함께 들었는데, '행복수업이란 게 괜찮구나' 정도로만 생각이 공유되어도 분위기 조성이 가능해진다. 행복수업은 교사 개개인의 역량에 따라 천차만별의 효과가 나타나기도 하지만, 교사 개인의 역량보다 중요한 것은 아이들에게 행복수업을 노출시키는 것이다. 교사가 수업을 잘하고 못하고는 그때의 상황마다 다를 수도 있다. 그런데 역으로 이 수업을 받는 아이들 역시 자신의 상황에 따라 다르게 받아들일 수 있지 않겠나. 아이들 각자가 처한 상황이 모두 다를 텐데, 마음이 힘들 때 행복수업을 받을 수 있다면 수업의 질과 상관없이 그 자체만으로도 도움이 되지 않을까 생각한다.

'행복을 접붙이다'
온양 한올고등학교

온양 한올고등학교는 특별 프로그램과 일반 교과과정을 복합적으로 접목, 행복수업을 구성해 학교의 차별화와 특성화를 이뤄낸 사례로 눈여겨볼 만하다. 한올고등학교가 시도하고 있는 행복수업은 크게 두 가지 방식으로 이뤄진다. 1학년과 2학년 학기 내내 열리는 '위캔플라이We Can Fly' 캠프와 정규 교과목이 그것이다.

한올고등학교는 2010년부터 창의적 체험활동 시간을 활용한 교육 캠프, 위캔플라이를 독자적으로 진행해오고 있다. "올바른 가치관과 긍정적인 자아상을 정립하고, 구체적인 삶의 방법과 실천을 찾아갈 수 있도록 돕는, 삶의 도약을 위한 자기계발 프로젝트"라는 것이 학교 측의 설명이다. 이 프로그램은 입학 직후 신입생 전체를 대상으로 한 1박 2일 합숙 오리엔테이션 '위캔플라이 제로'를 시작으로 1학년과 2학년의 각 학기 중 열리는 총 4회의 캠프까지, 다섯 가지 프로그램으로 구성된다. 친구와 마음 열기, 공부와 어울리기, 대화법 놀이, 하나되기, 역할 찾기, 강점 찾기, 성품 찾기 등 학년에 맞춰 단계적으로 구성한 세부 프로그램을 갖췄고, 2018년 3월부터는 《행복교과서》 챕터인 관점 바꾸기, 나누고 베풀기, 감사하기를 도입해 실시하고 있다. 위캔플라이의 진행 역시 진로를 담당하는 이성재 교사, 철학을 담당하는 엄세호 교사와 일본어를 담당하는 이은녕 교사 등 한올고등학교 행복 교사 3인이 담당한다.

위캔플라이 프로그램에 《행복교과서》 도입을 주도한 엄세호 교사는 오랫동안 나름대로의 행복수업을 진행해오다 행복연구센터의 교사 워크숍을 접하면서 보다 이론적으로 탄탄한 행복수업을 꾸릴 수 있게 되었다고 말한다. "행복수업에 대해 꾸준히 관심을 갖고 미디어 등에서 행복에 대한 이론과 자료를 찾아 행복수업을 진행하고 있었어요. 하지만 체계적으로 정리가 되지 않아 지속성과 연결성을 갖기가 쉽지 않았습니다. 그러던 중 우연히 행복연구센터가 진행하는 워크숍을 알게 되었고, 그것을 기점으로 학술적으로 검증된 행복수업을 연구하고, 학교 현장에도 이를 적용해 시도해볼 수 있었어요."

위캔플라이와 교과목을 통한 행복수업이 연결성을 가지고 있다는 점도 주목할 만하다. "관점 바꾸기, 나누고 베풀기, 감사하기를 위캔플라이에서 다루는 이유는 가장 먼저 가벼운 마음으로 만날 수 있는 주제라고 판단했기 때문이에요. 사회에서나 대중매체에서 나누고 베풀기, 감사하기에 대한 중요성을 자주 이야기하지만, 대신 이를 다루는 방식은 또 매우 가볍잖아요. 하지만 그 쉬운 주제가 인생에서 정말 중요한 것이라는 걸 아이들이 알게 해주고 싶었어요. 즉, 인생에 대한 '관점 바꾸기'인 것이죠. 또한 관점 바꾸기는 행복수업에서 가장 까다로우면서도 어려운 주제예요. 때문에 위캔플라이의 세부 프로그램 주제로도 다루지만 학기 중 진행하는 행복수업에서도 1년 내내 언급하는 부분이기도 합니다." (엄세호 교사)

관점 바꾸기와 더불어 위캔플라이에서 다루지 않은 《행복교과서》의 나머지 챕터 역시 행복 교사들의 담당 교과 수업에서 이어 진행된다. 이성재 교사가 담당하는 '나를 찾아서' 진로와 직업 수업, 엄세호 교사가 담당하는 철학 수업, 이은녕 교사가 담당하는 일본어 시간이다. 그 중 엄세호 교사가 맡고 있는 행복수업은 행복교육의 기본적인 이론을 바탕으로 하되, 학생들의 참여를 유도한 역동적인 구성이 돋보인다. '감정 계좌'를 만들어 평소 고마웠던 친구에게 가상화폐를 선물하거나, 책갈피를 만들어 소중한 친구에게 선물하기, 힘든 상황에 놓인 친구의 마음에 공감하며 하는 나눔 글쓰기 등은 학생들의 적극적인 참여를 유도한다.

캠프를 활용한 집중적인 행복수업과 일반 교과에 접목한 일상적 행복수업, 이른바 투 트랙two-track을 통한 시너지 효과는 꽤 높은 편이다. 엄세호 교사는 "행복수업이 교육과정 안의 일부 프로그램에 국한되지 않고 통합 프로그램화되면서 학교의 전반적인 교육 방향이자 차별화 전략이 됐다"고 설명했다. 행복 교사 3인이 함께, 또 각자 행복교육을 진행하면서 상시적으로 만나 의견을 나누고 협력해 수업의 질 또한 높일 수 있었다. "한올고등학교

위캔플라이 프로그램

위캔플라이 제로
알아가기(관계 형성), 생활하기 1(교칙), 별일하기(학교 생활 목표 세우기), 친해지기(레크리에이션), 생활하기 2(진로 설계), 미나에게(미래의 나에게 편지 쓰기)

위캔플라이 1
친구와 마음 열기, 공부와 친해지기(공부법), 마음을 나누는 대화(비폭력 대화 1), 손 모아 입 모아 하나되기(케이크 만들기), 행복 찾기(관점 바꾸기)

위캔플라이 2
하나되기, 나만의 암기법 찾기(공부법), 마음을 나누는 대화(비폭력 대화 2), 함께하기(도미노 쌓기), 행복 찾기(나누고 베풀기)

위캔플라이 3
하나되기, 역할 찾기, 강점 찾기, 가치 찾기, 행복하기(마음 나눔)

위캔플라이 4
알면 알수록 행복한 우리, 모던타임즈(성품 찾기와 무언극 만들기), 강점 검사, 성품 찾기, 행복한 우리들의 감사('감사하기' 행복수업)

하면 행복수업, 진로 지도 등을 떠올릴 만큼 이제는 지역에서 확실한 인지도가 생겼다"는 점도 빼놓을 수 없는 효과다. 한올고등학교는 내년부터 더욱 새로운 방식으로 행복수업을 운영할 계획이다. 일본어를 담당하는 이은녕 교사는 《행복교과서》를 일본어로 번역해 가르치는 방법을 구상 중이다. 엄세호 교사 역시 내년부터 철학 과목을 아예 행복 과목으로 바꾸는 것을 목표로 삼고 있다. 타 학교의 특화된 과목을 지역 학생 누구나 선택할 수 있도록 한 고교학점제 시행을 계기로 행복수업과 위캔플라이 등 특화된 프로그램을 보다 알리려는 노력도 진행 중이다. ✦

행복 교사가 말하는
행복수업 현장

"행복교육, 지지치 말고
꾸준하게 하라"

'대한민국 행복수업 프로젝트의 현재'를 점검하기 위해 행복교육이 이뤄지는 학교를 둘러봤다면 이번엔 행복교육을 실천 중인 행복 교사의 목소리에 집중해보자. 행복수업연구회 소속 강진희, 박병선, 오진아, 은혜정 교사(가나다순)는 초·중·고등학교에서 각각 행복수업을 경험한 이들로, 최인철 행복연구센터장과 함께 대화하며 교과과정에 행복수업을 적용한 자신들만의 방법과 효과적인 교수법 등에 대한 노하우를 전했다. 또한 그간의 경험을 바탕으로 행복연구센터의 미래 과제에 대해 조언하는 것 역시 잊지 않았다. 이들이 생각하는 가장 효과적인 행복교육의 모습은 조금씩 달랐으나, 행복교육의 중요성에는 모두들 공감하고 있었다.

사진·조지영

은혜정
· 광신정보산업고등학교
· 진로진학상담
· 2013년 1차 기초 워크숍
  (심화 워크숍 3회,
  교사행복대학 1기 수료)

오진아
· 전직 교사 (도덕)
· 2011년 기초 워크숍
  (행복수업 시범학교 운영,
  교사행복대학 1, 3기 수료)
· 기초·심화 워크숍 강사

오늘 자리에 함께한 네 분 선생님 모두 서울대학교 행복연구센터가 문을 열고 교사 대상의 워크숍을 진행한 초창기부터 행복교육에 관심을 가졌다. 행복교육이란 개념조차 익숙하지 않던 때에 행복을 가르치는 '행복 교사'가 되기로 결심한 이유가 무엇인지 궁금하다.

오진아 현재는 퇴직한 상태지만 담당 교과가 도덕이었다. 우선 도덕과 행복수업이 잘 어울릴 거라는 판단이 있었다. 2010년 무렵 마이클 샌델의 《정의란 무엇인가》가 베스트셀러에 오르는 등 국내에 정의학에 대한 관심이 커졌고, 미국에서는 이와 함께 행복학(긍정심리학)에 대한 관

심도 높다는 얘기가 들려왔다. 이에 관심이 생겨 조사를 조금 했는데, 서울대학교에 '행복연구센터'가 있고 마침 교사 연수와 행복수업을 계획하고 있다고 했다. 그해 부천여자중학교에 새로 발령받았던 터라 선생님들과도 서먹한 상태였는데, '같이하자'고 열심히 설득해 5명이 기초 워크숍을 함께하게 됐다. 교육청이나 학교에서 진행하는 여타 캠페인은 대체로 '사업적인' 성격이 짙고 단기간에 끝난다. 그런데 기초 워크숍에서 최인철 센터장님이 행복교육을 '적어도 10년을 내다보고 진행할 생각'이라고 하더라. 그 말이 크게 와닿았고, 이후 시범학교에도 지원하

박병선
• 부인중학교 (과학)
• 2013년 2차 기초 워크숍(심화 워크숍 1회, 교사행복대학 1, 3기 수료)

강진희
• 개곡초등학교
• 2013년 2차 기초 워크숍(기초 워크숍 4회, 심화 워크숍 2회, 교사행복대학 1, 2기 수료, 1기 교사행복연구세미나이수. 2014 행복수업 초등 시범학교 운영)
• 2019 행복수업연구회 회장. (사)행복가교 운영위원

게 됐다.

은혜정 '정보와 컴퓨터' 교과를 오래 담당하다 2012년부터 교과목을 변경해 '진로와 직업' 수업을 맡게 됐다. 여기에 '직업과 행복한 삶'이라는 단원이 있는데, 1년 정도 수업을 하며 '좋은 직업을 가져야 정말 행복한 삶을 사는 것일까?' 하는 의구심이 생겼다. 이때 스터디 모임에서 만난 동료 교사가 행복연구센터 얘기를 했다. 당시 2013년 1차 기초 워크숍 모집이 마감된 상태였는데, 다행히 추가 인원으로 참여할 수 있었다. 그런데 행복이론에 대한 강의를 듣는 내내 너무 행복한 거다. 마치 대학생이 된 기분이랄까? 워크숍을 듣는 동안 진로수업이나 창의적 체험활동 시간에 행복수업을 하면 좋겠다는 생각이 굳어졌고, 곧바로 교장 선생님께 허락을 구해 다음 학기부터 적용했다.

박병선 2013년 여름방학에 기초 워크숍을 들었는데, 그때 재직하고 있던 상동중학교의 교육 목표가 '행복'이었다. 문제는 교육 목표가 행복인데도 학교 안에 행복에 대해 제대로 아는 교사가 아무도 없었다는 것이다. 일부 교사의 경우 교육 목표는 상징일 뿐이라고 대수롭지 않게 여겼지만, 연구부장이던 나를 포함한 몇몇 교사는 교육 목표에 맞는 교육계획을 세우는 게 맞다고 믿었다. 이 문제로 한창 고민하던 때에 전입한 김은용 선생님이 행복연구센터와 행복교육의 존재를 알려줬다. 그리고 행복이 교육 목표였던 만큼, 우리 학교 30명가량의 교사가 한꺼번에 기초 워크숍을 들었다. 한발을 떼더라도 '다같이 하자'는 생각이었다.

강진희 나 역시 2013년 여름방학에 기초 워크숍을 들었다. 당시 혁신학교에 근무하고 있었는데, 학교 성격에 맞게 새로운 것에 도전하고 싶은 마음이 컸다. 또 아이들을 행복하게 해주고 싶었다. 행복수업은 공문을 통해 처음 알게 됐는데 자세히 보니 중등만 워크숍 신

청이 가능했다. 행복연구센터에 전화해 초등 교사도 들을 수 있냐고 물었고, 결국 중등 선생님들 틈에 끼어 연수를 받았다. 사실 워크숍 전에는 이 시간에 '행복하게 수업하는 법', 즉 교수법이나 수업 방법을 배우는 줄 알았다. 그런데 웬걸. 행복 자체를 가르쳤고, 그 내용이 아주 신선했다. 학교에 돌아와 배운 것을 곧바로 실천으로 옮긴 것은 물론 심화 워크숍도 이어서 들었다. 이렇게 행복을 가르치는 교사이자 행복한 교사가 되었다.

최인철 도덕이나 진로수업 등의 교과에 이미 행복에 관한 주제가 포함돼 있다. 그럼에도 행복교육을 더 해야겠다고 생각한 까닭은 무엇인가?

은혜정 일단 다루는 단원의 분량이 짧고 내용이 간단하다. 각 교과목마다 다르겠지만 진로와 직업을 예로 들면, 행복한 삶과 직업을 연결해 조망할 수밖에 없기 때문에 '행복한 삶은 곧 가치 있게 여기는 직업을 갖는 삶'으로 설명된다. 하지만 행복의 단면은 될 수 있을지언정 이것이 행복의 충분한 설명은 아니다. 아이들에게 좀 더 넓은 의미의 행복을 가르쳐주고 싶었다. 나 또한 오래 진학 지도를 해오며 은연중에 좋은 대학에 가고, 번듯한 직장을 구해 돈을 잘 버는 것이 성공적이고 행복한 삶이라고 생각했던 것 같다. 그런데 행복교육 워크숍을 통해 행복에 대한 가치관이나 사고가 많이 바뀌었고, 이런 변화가 수업에도 반영되는 것이 좋았다.

오진아 도덕에도 짧지만 행복 단원이 있다. 학창 시절부터 교사가 되면 '아이들에게 메시지를 주는 교사'가 되고 싶다고 생각했는데, 내겐 행복수업이 이를 실천하기에 가장 좋은 길이었다. 《행복교과서》의 경우 행복에 대한 정의定義도 있지만, '어떻게 해야 행복해질 수 있는지' 그 방법론이 소개된다. 내게 《행복교과서》가 유독 신선하게 다가온 건 이 부분 때문이었다. 예를 들어 '감사하기'는 도덕에도 나오지만

이것이 어떤 이론적 배경을 갖고 있고, 관련한 과학적인 조사에는 어떤 것이 있으며, 이를 실현할 구체적인 방법은 무엇인지 상세히 기술돼 있진 않다. 행복을 '어떻게' 추구할 수 있는지 알려준다는 점에서, 일반 교과서 안의 행복교육과 큰 차이를 갖는다.

행복수업의 비법을 듣다

첫 행복수업을 어떻게 했는지 기억하는가? 학생들의 반응은 어땠나?

은혜정 기초 워크숍과 심화 워크숍에서 배운 것을 토대로 선배 행복 교사들의 자료를 참고해 첫 수업을 했다. 일종의 모방 단계였다고 할까? 학생들에게도 낯선 수업이었기 때문에 《행복교과서》를 우선 소개하고, 행복수업을 하는 이유 등을 찬찬히 설명했다. 행복이란 과연 무엇일지 각자 생각해 그림으로 표현하는 시간도 가졌다. 아이들은 '대체 방학 때 뭘 배워 왔길래 저러나' 하는 표정이더라.(전체 웃음) 교장 선생님의 적극적인 지원이 큰 힘이 됐다.

박병선 '행복 이름 짓기'를 가장 먼저 했다. 아이들에게 긍정적인 별명을 붙여주고 싶어 만든 시간인데, '신뢰' '정의' 등의 표현을 이름 앞에 붙이는 것이다. 매번 혼만 날 뿐, 칭찬을 들어본 기억이 없다는 한 친구는 '행복수업 시간에는 칭찬만 하겠다'는 내 의지를 담아 '칭찬'을 이름 앞에 붙였는데, 이후 수업마다 미소를 잃지 않던 게 기억에 남는다.

강진희 초등학교인 터라 행복의 정의에 대해 말하기 전에 '관계 돈독히 하기'와 '몰입하기'를 먼저 시도했는데, 일단은 심화 워크숍에서 받은 PPT를 적극적으로 활용했다. 활동 중심의 수업이어서인지 아이들의 반응은 아주 좋았다. 또 '서울대학교에서 배워왔다'고 홍보를 했더니 관심이 더 컸고.(전체 웃음) 처음 행복수업을 할 때는 동료 교사나 교장, 교감 선생님은 모르게 우리 반만 조용히 시작했다.

오진아 행복수업 전에 수업 세팅을 먼저 했다. 우선 '모둠 세우기'를 통해 행복수업의 분위기를 조성했는데, 이는 협동학습 구조에 행복수업을 접목한 것이다. 학생들에게는 친구와 함께하는 행복수업의 경험을 주고, 교사로서는 효율적으로 수업을 진행할 수 있는 방법이다. 그 다음 행복의 정의인 '행복이란'을 필두로 행복수업을 본격적으로 시작했다. 학생들의 반응은 폭발적이었다. 도덕 교과 자체가 행복수업과의 거리감이 크지 않고, 색다른 수업에 대한 학생들의 기대감도 충족된 모양이었다. 교장, 교감 선생님의 경우 크게 적극적인 지지를 보내지는 않았지만, 행정적인 테두리 안에서 행복수업을 진행할 수 있었다.

네 분 선생님은 각각 초등·중등·고등학교에서 행복수업을 하고 있다. 학년별로 행복수업의 성격이나 진행 방식이 다를 것 같은데.

오진아 내 경우 행복교육에 대한 열의가 컸기 때문에 정규교과 시간은 물론이고 여러 상황에 행복수업을 적용했었다. 아침 자습 시간을 활용하고, 자유학기제 주제선택 활동으로도 했으며, 정규교과 수업이 대부분 마무리되는 12월엔 학년 전체를 모아 행복수업을 하기도 했다. 할 수 있는 모든 시간을 활용한 것 같다. 중학교 도덕 교과의 특징은 입시 부담이 없다는 것이다. 또 고등학교와 교과 내용의 연결성도 크지 않아 행복교육과 연계해 조금 자유롭게 수업을 해볼 수 있었다. 매해 빼놓지 않고, 모든 학년을 대상으로 했다. 또 혼자서도, 다른 선생님과 함께도 해봤다.

강진희 초등학교에 근무한 덕분에 담임교사, 전담교사 두 형태로 행복수업을 진행할 수 있었다. 담임을 하면서 《행복교과서》를 가지고 가르치기도 했지만 개인적으로는 교실에 행복문화를 만드는 게 더 중요하다고 생각했다. 그래서 일상 속에서 뒤센 스마일이나 마더 테레사 효과와 같은 이야기들이 지속적으로 회자될 수 있도록 노력했는데, 뒤돌아 생각해보니 행복한 삶을 위한 습관을 만들고 이것이 일상이 되는 문화를 만들려는 시도가 오히려 행복수업의 특별함을 희석시킨 것 같다. 그래서인지 담임일 때보다 전담으로 학생들을 만났을 때 행복수업에 대한 반응이 훨씬 폭발적이었다. 1, 2주에 한 번만나 교과서 중심의 도덕수업을 하는 것이 아니라 다양한 활동 중심의 행복수업을 했을 때 학생들이 교사인 나와 수업을 좀 더 특별하게 바라봤고, 수업 집중도도 더 높았다. 초등학교에서의 행복수업은 전담교사일 경우 수업을 통해 학생들에게 행복에 대한 생각과 습관을 바로 세우겠다는 목표를 가지고 임하고, 담임일 경우 행복을 교실 문화로 만든다는 생각으로 임하면 좋을 것 같다.

박병선 중학교에서 행복수업을 교과 외 시간에 진행할 수 있는 가장 좋은 방법은 자유학기제의 주제선택 활동 같다. 내 경우 주제선택으로 '뒤센 스마일'이라는 이름의 행복수업을 진행한 적이 있다. 앞서 '행복을 문화로 만든다'는 얘기가 나왔는데, 나 역시 이게 매우 중요하다고 생각한다. 행복수업이 행복해지기 위한 '스킬'을 배우는 게 아니라 삶의 가치관을 고민하는 시간이듯, 학교에서 생활하는 매 순간 행복과 공동체의 가치를 논하고 학생과 공감대를 형성하며 문화를 만들어가는 것이 중요한 것 같다.

은혜정 행복한 문화라니. 역시 저학년 아이들은 순수하다.(웃음) 고등학교에선 행복수업을 하자고 하면 팔짱부터 끼고 '수능에 나오냐, 취업에 도움이 되냐, 좋은 학교에 갈 수 있냐'를 묻기 바쁘다. 이런 냉소적인 반응을 줄이려면 학생과 교사가 일단 가까워져야 한다. 《행복교과서》 첫 장은 행복의 정의인데, 나 같은 경우엔 수업에서 '관계 돈독히 하기'를 가장 먼저 했다. 라포rapport 상담이나 교육을 위한 전제로 신뢰와 친근감으로 이루어진 인간관계) 형성이 무엇보다 중요하다고 봤기 때문이다. 행복수업이 심리 상담 시간은 아니지만, 학생과 교사 간에 신뢰가 쌓이지 않으면 얘기가 잘 진행되지 않는다.

또 꾸준히 가르치는 것이 중요하다. 나는 창의적 체험활동의 진로활동 시간, 진로와 직업 교과 시간에 행복수업을 진행했다.

앞서 행복수업을 전담으로 했을 때와 그렇지 않을 때의 장단점에 관한 얘기가 나왔다. 수업 시간에 행복을 집중적으로 가르치는 것과 학교 생활 곳곳에서 문화로 접하게 하는 것, 둘 중 어떤 것이 더 효과적이라고 생각하나?

강진희 문화를 형성하는 것은 매우 지난한 과정이다. 담임으로 행복수업을 할 때엔 시간을 융통성 있게 활용할 수 있다는 장점이 있지만, 처음부터 교육과정을 재구성해 치밀하게 준비하지 않을 경우 일회적인 수업이 되기 쉽다는 것을 고려해야 한다. 문화를 만들 정도로 수업을 하려면 정말 많은 준비가 필요하다. 그렇다고 학급 운영이나 생활교육의 측면에서 접근하게 되면 특별함이 희석된다. 경험상 행복수업의 효과만 두고 봤을 때 전담교사로서 정기적으로 수업을 하는 방식이 좋았다. 《행복교과서》라는 특별한 콘텐츠를 일주일에 한 번씩 규칙적으로 가르칠 경우, 학생들은 '아, 이게 행복수업이구나'하는 인식을 더 확실히 하게 된다. 행복감을 느끼는 데 '강도보다 빈도가 중요하다'는 말이 있는데, 행복수업도 마찬가지인 것 같다. 꾸준하게 하는 것이 중요하다.

오진아 중학교의 경우 담임과 함께하는 시간이 점점 줄어드는 추세다. 그렇기에 특정한 시간에 배우지 않으면 행복교육의 효과를 얻기 어려울 듯하다. 행복수업 시간을 많이 가질수록 효과는 컸다. 실제로 행복수업을 진행하면서 반 분위기가 점점 좋아지는 경험을 하기도 했다.

은혜정 정규 수업, 창의적 체험활동, '행복 터치'라는 이름의 동아리 활동까지, 여러 형태로 행복수업을 진행해봤다. 그런데 가장 확실한 교육 효과를 얻을 수 있는 건 역시 정규 수업을 하는 때다. 고등학생의 경우 학교생활기록부를 아주 중요하게 생각하는데, 여기 포함될 평가를 위해서라도 더 열심히 한다. 반면 창의적 체험활동의 경우엔 학생 개인의 선호와 호감에 따라 집중하는 수준과 수업 효과의 차이가 컸다. 흥미로운 건 동아리 활동으로 한 행복수업이 교사인 나와 학생 모두에게 가장 큰 만족을 줬다는 것이다. 소수 인원으로, 한 가지 주제를 두고 깊이 있는 토론을 할 수 있다는 게 특히 좋았다.

박병선 나 역시 정규 수업 중 하나로 행복수업을 해야 한다고 믿었지만 지금은 생각이 조금 바뀌었다. 행복수업뿐만 아니라 일상생활에서 아이들과 교사가 수업에서 배운 것을 함께 실천하는 것도 그 못지않게 중요하다고 생각하게 됐다. 행복교육은 행복해지기 위한 기술이나 방법을 가르치는 게 아니라 삶의 철학을 심어주는 교육이다. 때문에 생활 곳곳에서 상시적으로 교육이 이뤄지는 게 더 중요한 것 같다. 예를 들어 초등학생이나 중학교 1학년생 같은 경우 정말 사소한 일로 시시때때로 다투는데, 이럴 때 잘잘못을 따지고 누군가를 벌주는 게 아니라 《행복교과서》나 긍정심리학의 관련 내용에 맞게 질문을 던져보는 것이다. 어떤 마음가짐을 가져야 모두 행복할지, 일상에서 교사가 학생에게 끊임없이 묻고 생각을 나누는 것이 더 중요한 것 같다. 행복수업을 하기 위해 긍정심리학의 관점에 맞춰 교사 스스로의 인생관 혹은 교직관을 세워보는 것도 도움이 될 것이다.

은혜정 나는 생각이 조금 다르다. 행복교육에 관한 교육철학이 제대로 서야만 행복수업을 할 수 있는 건 아닌 것 같다. 예를 들어 우리가 역사를 배워 학생들에게 가르친다고 할 때, 어떤 역사관을 가질지는 교사 본인의 선택이다. 교사의 역할은 관련 내용을 제대로 전달하는 데 있지 않을까? 나 또한 처음 행복수업을 할 때에는 부담감이 컸다. 그런데 지금은 행복에 대한 지식을 학생에게 전달하는 것이 내 역할의 전부라고 생각한다. 그걸

태도, 혹은 삶의 철학으로 받아들일지 여부는 학생 선택이다. 학교를 벗어난 삶을 사는 중간중간에 행복수업의 화두(나는 지금 행복한가? 누군가와 비교하는 삶을 살고 있진 않나? 등)를 떠올리고 그로부터 도움을 받는다면 물론 좋을 것이다. 하지만 교사가 그 변화까지 책임질 이유는 없다. 물론 긍정적인 피드백을 주는 학생을 만날 때엔 행복하다. 20대 후반이 된 친구가 일상 중에 행복수업을 생각하며 스스로에게 질문을 던질 때가 있다고 말하거나, 수업하던 때를 생각하면 행복감을 느낀다고 할 때는 교사로서 정말 고마웠다.

오진아 학교 문화를 바꾸기 위해 일상을 행복교육의 관점으로 바라보는 것도 중요하지만, 개인적으로는 모든 교과가 해당 교과와 연계된 내용으로 행복을 가르칠 때 학교 문화까지 바뀔 수 있다고 생각한다. 모든 교과가 행복교육과 접목된 상태에서 행복교육을 전담하는 교사가 존재하는 상황. 이게 최상이지 않을까? 물론 이때 전담을 하는 역할은 '도덕 교과가 해야 한다'고 생각한다.(전체 웃음)

그간의 행복교육 경험을 돌이켜보면 동료 교사와 함께한 경우와 혼자 묵묵히 행복수업을 이어온 경우가 있다. 언뜻 생각하면 함께하는 교사가 있는 게 더 힘이 될 것도 같은데, 둘의 장단점은 무엇일까?

은혜정 내 경우 행복수업 연수는 함께 들었지만 그 이상의 협력을 이끌어내진 못했다. 동료 교사들이 행복수업을 꺼리는 가장 큰 원인은 새로운 수업에 대한 부담감 같다. 새로운 분야에 대해 공부도 해야 하고, 수업 자료도 전부 만들어야 하니 선뜻 시작하지를 못하더라. 혼자 행복수업을 할 때의 장점은 각 반의 특성에 맞게 수업을 자유자재로 꾸릴 수 있다는 것이다. 예를 들어 어떤 반 아이들이 유독 부정적이라면 '감사하기' 챕터를 가장 먼

저 하는 식으로 조율하며 수업하는 것이 가능하다. 하지만 이럴 경우 당연히 다른 교사와 협력해 시너지 효과를 내는 걸 기대하긴 어렵다.

강진희 나 또한 혼자 행복수업을 진행하고 있다. 하지만 동료와의 협업에 갈증을 느낀다면 이를 꼭 학교 안에서만 찾을 이유는 없을 것 같다. 예를 들어 경기도만 하더라도 '전문학습공동체'라는 교사 공동체가 있는데, 행복수업이나 행복교육을 주제로 잡아 다른 선생님과 협업하는 것이 가능하다. 또 행복연구센터 내의 행복연구세미나도 행복교육 노하우를 공유하는 장으로 활용할 수 있을 것이다.

박병선 학교 교육 목표가 행복이었던 상동중학교의 경우, 여러 선생님이 같이 연수를 듣고 한꺼번에 행복교육을 시작한 게 오히려 문제가 됐다. 교사 각각이 개별적으로 행복수업을 진행하다 보니 종종 수업 시작과 함께 아이들에게 '다른 시간에 이미 배운 내용'이라는 말을 듣는 일이 생겼다. 이때 시행착오를 겪은 후 선생님끼리 모여 각각의 교과에 행복수업의 주요 내용을 어떻게 접목하고, 어떤 형태로 나눠 가르칠 것인지 상의하기 시작했다. 지금 일하는 부인중학교에서는 1학년을 대상으로 도덕과 진로 과목에서 행복교육을 하고 있다.

오진아 한 학교 안에서 교과목 사이에 행복교육이 반복되는 문제도 있지만 학년별 중복 문제도 이젠 고민해야 한다. 행복교육이 학교 현장에 서서히 뿌리내리며 가끔 중학교 1학년 학생이 '초등학교 때 배웠다'는 얘기를 할 때가 있다. 또 고등학생이 된 제자가 '우리 학교도 행복수업을 한다'고 연락하기도 하는데, 이를 대비하기 위해서라도 《행복교과서》 혹은 행복수업이 초·중·고 각 학년에 맞게 좀 더 체계를 갖출 필요가 있을 듯하다. 지금은 행복수업 도구를 개발하고, 교과과정에 녹여낸 행복수업안을 제시하는 등, 보다 체계적인 가이드를 제공할 때인 것 같다. 내 경우엔 혼자도 동료 교사와 함께도 행복수업을 해봤는데, 고민을 나누며 할 수만 있다면 함께하는 것이 '베스트' 같다. 교과 간 중복이나 수업 준비 과정에 생기는 교사의 업무 부담 문제는 행복수업이 학년별 체계성을 갖추고, 위에 제시한 것과 같은 수업 가이드를 구체적으로 만든다면 많은 부분 해결할 수 있을 것이라 생각한다.

최인철 처음 행복교육 연수를 할 때 자주 받은 질문이 있었다. '어느 과목 선생님이 행복수업을 해야 하느냐' 하는 것이었다. 그런데 행복연구센터가 생각하는 행복교육은 자율성이 매우 강한 형태다. 행복수업에 맞는 특정 과목이 있다고도, 《행복교과서》의 모든 챕터를 가르쳐야 한다고도, 또 순차적으로 가르쳐야 한다고도 생각하지 않는다. 한 가지 대원칙만이 존재한다. 행복수업은 '행복한 수업'이 아니라 '행복을 가르치는 수업'이라는 것. 앞서 지적한 것처럼 초·중·고 간 행복수업의 연결성 문제를 보완할 필요가 있고, 《행복교과서》를 개편하는 등 콘텐츠 다각화를 위해서도 힘쓸 예정이지만 교육 커리큘럼을 표준화하는 등의 계획은 갖고 있지 않다. 다만 행복연구센터가 어느덧 10년이 됐고, 행복교육도 자리를 잡으면서 현재 '효과성 연구'에 대한 필요를 느끼는 단계에 있는데, 커리큘럼이 표준화되지 않아 연구가 쉽지 않다는 어려움이 있는 건 사실이다. 효과성 연구는 주로 집단 간 비교를 통해 이뤄지는데, 교사마다 수업 스타일이 다르고 커리큘럼도 달라 비교 연구 자체가 힘들다. 현재는 몇 개 학교를 선택해 행복교육 전후의 교사와 학생 변화를 살피는 정도의 효과성 연구를 진행 중이다. 단일한 교육 체계를 갖고, 수업 방법 등도 행복연구센터가 정해준다면 지금보다 수업하기에 수월할 것이란 데에는 동의하지만 행복교육은 좀 더 융통성 있게, 열린 시스템으로 갈 생각이다.

오진아 행복수업에 자율성이 필요하다는 데엔 동의하지만 큰 맥락에서의 교육 가이드는 있으면 좋겠다. 실제 '행복'이란 이름만 붙여 아무렇게나 진행되는 행복수업이 꽤 많기 때문이다. 이런 부작용을 줄이기 위해서라도 행복연구센터가 일정한 교육 가이드를 만드는 게 어떨까 생각한 것이다. 물론 교사는 가이드대로 해도 되고, 학교 상황에 맞게 스스로 커리큘럼을 구성해도 된다. 행복교육이 일정한 체계를 갖추고 정체성을 확실히 세운다면, 행복교육에 생소한 교사들도 큰 두려움 없이 수업에 도전할 수 있을 것 같다.

<u>은혜정</u> 행복수업의 표준화에 대한 부담은 이해하지만 가르치는 입장에서 표준화에 대한 갈망은 분명 있다. 내 경우 몇 차례 행복수업 모니터링을 해본 적이 있는데, 교사 마음대로 진행되는 경우가 생각 외로 많았다. 수업이 자유로운 것과 자의로 해석해 수업하는 것은 분명 차이가 있다. 물론 오프라인 심화 워크숍도 있고, 온라인 원격 연수도 있지만 보다 표준화된 수업안이 제시되는 것도 문제 해결에 도움이 될 듯하다.

행복수업의 개선책을 찾다

앞선 이야기에서 자연스럽게 행복연구센터에 바라는 점에 관한 얘기가 나왔다. 행복교육이 조금 더 체계성을 갖추길 바란다는 부탁부터 콘텐츠 다각화가 필요하다는 인식까지 다양한데, 보다 구체적인 의견을 준다면 또 어떤 게 있을까?

<u>은혜정</u> 행복교육이 정규 수업화되면 좋겠다는 생각을 자주 한다. 고등학교의 경우 개정 교육과정으로 문과·이과 구분 없이 자유롭게 진로를 선택할 수 있는데, 이에 따라 2학년이 되면 교과목을 스스로 고르게 된다. 그렇다면 행복교육을 선택과목 중 하나로 만드는 건 어떨까? 현재 철학이나 심리학, 실용영어, 실용수학, 민주시민교육 등등 정말 다양한 수업이 선택과목으로 개설돼 있는데, '실용행복' 같은 이름으로 여기 과목을 만든다면 행복교육을 정규 수업화하는 데에도 도움이 될 것 같다. 선택과목이 좋은 건 해당 주

제에 정말 관심 있는 아이들이 자발적으로 신청해 수업을 듣는 것이기 때문에 심도 깊은 이론 수업이 가능하다는 점이다. 또 하나 현재 대안학교의 경우 행복교육의 범위 밖에 존재하는데, 대안학교 교사를 대상으로 한 연수 혹은 캠프를 열어보는 건 어떨까 싶다. 대안학교야말로 교사 역량에 따라 자유로운 교과과정을 구성할 수 있고, 자체적으로 할 수 있는 것이 많은 곳이다.

<u>강진희</u> 행복연구센터의 캐치프레이즈도 변화를 모색할 때다. '교사가 행복해야 학생이 행복하다'는 교사들의 마음을 파고든 캐치프레이즈지만 그간 행복교육을 해오며 여기에 대한 생각이 조금씩 달라졌다. '교사가 학교 안에서 아이들과' 행복해야 학생이 행복하다. 즉, 제아무리 교사 개인이 행복해도 그 행복이 아이들과 함께 있을 때의 것이 아니라면 소용없다는 것이다. 특히 최근 '워라밸'이 강조되고 있고, 사교육과 입시 등으로 학교 기능이 희석되면서 교육 현장에서 무력함을 느끼는 교사가 늘고 있는데, 이런 경우 학생과 함께 행복하기를 꿈꾸기보다 교사 개인의 행복을 택하는 경우가 많다. 교사가 '학생과 함께 행복할 수 있는 방법'에 대해 고민해봐야 할 때라고 생각한다. 또한 앞으로 학부모 교육, 학교 밖 청소년, 학교 내에서 행복수업을 경험할 기회를 얻지 못한 학생들을 위한 프로그램에 대해 고민해주길 희망한다. 행복연구센터가 그간 학교 '안'의 행복에 집중했다면 이젠 학교 '밖'의 행복에도 눈을 돌려야 하는 때가 아닌가 싶다.

<u>최인철</u> 행복연구센터의 미래 10년은 학교 밖으로도 향하게 될 것이다. 우선 '학부모 행복교육'에 대한 요청이 많은데 학생과 학부모, 더 넓게는 일반인을 대상으로 하는 행복교육을 어떻게 할 수 있을지 고민하고 있다. 학교에서는 행복 교사가 일종의 '코치' 역할을 하는 반면, 학교 밖으로 나가면 이러한 존재

를 기대하기 어렵다. 때문에 디지털을 통해 보다 효과적으로 실현할 수 있는 방법을 모색 중이다. 예를 들어 '행복 포털 사이트'를 만들어 행복에 관한 연구와 자료 등을 제공함으로써 원하는 모두가 행복이론을 가까이 접할 수 있게 하는 등의 방법을 고려하고 있다.

은혜정 행복교육의 시스템화, 혹은 브랜드화도 필요하다. 보통 기업에서 직업 훈련을 하거나 리더십 교육을 할 때에는 기초부터 심화까지 몇 단계에 걸친 맞춤형 프로그램을 활용해 진행하는 경우가 많은데, 행복수업 역시 몇 가지 주제를 엮어 단계별로, 수준에 따른 맞춤형 프로그램을 개발해 활용할 수 있을 것이다. 일례로 '리더십 과정'으로 필요한 내용만을 축약한 교육 프로그램 패키지를 만들 수도 있다. 지난 10년이 행복교육의 확산에 초점을 둔 시기였다면 이제는 질적인 도약을 꿈꿀 때인 것 같다. 앞서 말한 대안학교 등으로의 영역 확대와 함께 행복 콘텐츠를 브랜드화하는 등 보다 다양한 시도를 해봤으면 하는 바람이다. 또 초창기처럼 교사 모니터링을 조금 더 철저하게 해주면 좋겠다.

오진아 행복연구센터의 최대 장점은 역시 교육을 뒷받침할 만한 연구가 한쪽에서 꾸준히 이뤄지고 있다는 점일 것이다. 연구에 지금처럼 매진해주길 바란다. 그리고 '교사가 행복해야 학생이 행복하다'라는 캐치프레이즈가 교사의 행복에 대해 새롭게 생각하는 계기를 만들었듯 교사와 학생 간의 행복, 교사 간의 행복, 학부모의 행복, 학교 관리자의 행복 등 학교를 둘러싼 여러 관계 사이의 행복에 대해서도 더 고민할 필요가 있을 듯하다. 특정 대상을 초점을 둔 행복수업안도 개발되면 좋겠다. 특히 요즘 학생 가운데 우울 증세가 있는 이들이 많은데, 이런 친구들을 위한 행복수업도 논의됐으면 한다.

최인철 2010년에 행복연구센터를 만들고 첫발을 뗄 때만 해도 행복교육은 꽤 새롭고 참신한 것이었다. 또 행복연구센터 스태프 모두 지난 10년간 행복교육을 위해 헌신에 가까운 노력을 해왔다. 하지만 오늘 이야기를 나누며 교육 현장에서 원하는 행복교육의 또 다른 모습을 확인할 수 있었던 것 같다. 수많은 시행착오를 겪은 초기와 달리 지난 10년간의 경험을 통해 지금 우리 스태프는 능숙하게 일하고 있다고 자부한다. 하지만 혹여 이것이 '해오던 대로 하는' 태도에 기댄 건 아닌지, 매너리즘에 빠지지 않도록 매 순간 노력해야겠다는 생각을 오늘 대화를 통해 새삼 하게 됐다. 물론 이는 센터를 이끌고 있는 내게도 해당하는 얘기다. 오늘 자리에 함께한 네 분 선생님 모두 행복교육 초창기부터 행복수업을 경험했고, 누구보다 열심히 행복교육을 하고 있다. 행복교육의 어떤 점이 동력이 돼 그 같은 열정으로 임할 수 있는지 궁금하다.

은혜정 우연한 기회로 행복교육을 알게 됐지만 어쩌면 이것이 내 교직 생활의 터닝포인트가 된 게 아닌가 싶다. 교사로서의 가치관은 물론이고 내 삶을 다시 바라보게 하는, 어떤 혜안을 준 계기가 됐다. 행복수업은 대하는 아이에 따라, 접목하는 교과에 따라, 수업 성격에 따라 매번 달라지기 때문에 해나가기 결코 쉽지 않은 수업이다. 그럼에도 교사로서 그 어떤 것보다 의미 있는 수업이었고, 교단에 서는 한 계속해서 하고 싶은 수업이다. 행복수업은 여러 모로 나를 철들게 했다.

강진희 나 또한 행복수업을 만나고서 많이 성장했다. 학교에서 교사로서 성장했다고 느끼고 있고, 행복연구세미나에서 동료 교사와 만나면서 자극을 많이 받기도 했다. 그러면서 '내가 잘하는 일, 좋아하는 일'에 대해 더 많이 생각하는 계기가 됐다. 당연히 이런 고민은 새로운 일에 도전할 동력과 용기가 되었다. 행복수업과 관련해 내가 요즘 꾸고 있는 꿈은 북한에서 행복수업을 하는 것이다. 언젠가 기회가 된다면 북한 아이들과 행복에 대해 이야기하는 순간을 꼭 가져보고 싶다.

박병선 예전의 나는 결과 중심적인 사람이었다. 지금은 중학교 교사지만 과거 고등학교에서 아이들을 가르쳤는데, 그때는 학생들을 좋은 대학에 보내는 게 내 유일한 목표였던 것 같다. 점수만 생각하는 교사라고 할까? 그런데 행복교육을 접하고 행복수업을 하면서 동료 교사들에게 '나는 동료 선생님과 아이들을 사랑하는 교사'라는 말을 스스럼없이 하는 사람이 됐다. 행복수업을 하면서 그만큼 아이들을 올곧게, 올바르게 사랑하는 방법을 배운 듯하다. 나 역시 행복교육을 통해 교사로서, 또 인간으로서 더 성숙해졌다고 믿는다.

오진아 행복교육을 알게 되자마자 열의를 갖게 됐고, 엄청난 몰입과 추진력으로 행복수업을 시작했지만 개인적으로 그때가 행복한 시기는 아니었다. 지금도 기억하는 것이, 행복수업 시범학교를 시작하며 학생과 교사의 행복도를 조사해 행복연구센터에 보내야 했었는데, 설문조사에 참여한 다섯 교사 중 내 행복도만 평균 이하로 매우 낮았다는 것이다. 그런데 행복수업을 하면서 어느 순간 '교사로서 행복하다'고 느끼게 됐고, 다음엔 교사로서 목표로 삼고 있던 '학생들에게 메시지를 주는 교사'가 될 수 있겠다는 생각이 들었다. 교사가 꼭 행복감에 충만해야 행복수업을 할 수 있는 건 아니다. 몇 년간 행복수업을 하면서 학생들에게 행복에 대해 얘기했더니 나 역시 이전보다 더 큰 행복감을 느끼는 사람이 되어 있었다. 처음 행복수업을 하는 교사가 엄청난 기대감으로 시작했다가 금세 '별것 아닌 것 같다'며 실망하는 모습을 종종 목격한다. 하지만 이분들에게 하고 싶은 말은 적어도 2년은 꾸준히 해보라는 것이다. 행복수업은 장기간 해야 효과가 있고, 교사든 학생이든 어떤 형태로든 도움을 받게 된다.

여러분은 행복교육을 받아들이고 행복수업을 먼저 경험한 선배 교사라고 할 수 있다. 현재 행복수업을 고민하고 있는

후배 교사들에게 남기고 싶은 조언이 있다면 어떤 것이 있을까?

은혜정 처음부터 너무 거창한 목표를 세우지 말고 조금은 가벼운 마음으로 수업에 임했으면 한다. 앞서도 말했지만 행복수업은 심리 상담 시간이 아니다. 학생들을 치료해야 하는 입장이 아님을 알았으면 좋겠다. 또 학생을 가르침의 대상이 아닌, 교사인 나와 동행하는 동반자로 바라보고 수업을 해간다면 자잘한 어려움도 쉽게 풀리게 된다는 걸 기억하길 바란다. 일단 용기를 내 시작해보라고 말하고 싶다. 행복수업을 하고 있는 교사 공동체에 참여해 서로 교류하고 재충전하는 것도 큰 도움이 될 것이다.

강진희 초등학교의 경우, 교과서 중심의 수업을 하다 보면 행복수업을 끼워 넣을 여백을 찾기가 어렵다. 성취기준을 중심으로 교육과정을 재구성하고, 교과서를 벗어난 콘텐츠를 구성하는 과정에서 행복수업이 들어갈 빈 공간을 찾을 수 있을 것이다. 물론 창의적 체험활동 시간을 확보해서 한다면 가장 쉽게 행복수업을 할 수 있다. 《행복교과서》의 10개 단원을 모두 다 하겠다는 마음을 버리고 일단 하나의 단원이라도 시작한다면, 곧바로 행복수업의 가치를 알고 빠져들게 될 것이라고 믿는다.

오진아 앞서도 말했지만 장기적인 시각을 갖는 게 중요하다. 어떤 수업이든 자신만의 수업으로 가져오려면 2~3년의 시간은 필요하다. 이 기간을 잘 넘긴다면 교사로서도 개인으로서도 큰 보람과 만족감을 얻을 수 있을 것이라 확신한다. 또 동료와 함께하길 추천한다. 수업을 하는 것 자체가 두렵다면 학교 내에 전문적 학습 동아리를 만들어 학년별 혹은 개별 학년 안에서 프로젝트 수업이나 행복 융합수업을 시도해도 좋을 것 같다. 만약 이마저도 어렵다면 교내 동아리로 10명 남짓한 학생과 작게 시작해보는 것도 하나의 방법이 될 수 있다. 하고자 하는 의지가 있다면 길은 반드시 생긴다. ✂

행복교육, 미래 10년의 청사진

'교사가 행복해야 학생이 행복하다'는 캐치프레이즈 아래 행복교육이 걸어온 지난 10년은 앞으로의 10년을 위한 디딤돌을 놓는 시간이기도 했다. 그렇다면 행복연구센터와 행복수업의 미래는 어떤 방향으로 그 줄기를 뻗어가게 될까? 행복연구센터가 꿈꾸는 행복수업의 미래 목표와 추진 과제를 살펴봄으로써 앞으로 더 크게 도약할 '행복교육의 미래'를 그려본다.

for 10 years

the Vision of Center for
Happiness Studies
Seoul National University

대중화와 고도화를 함께 이룬다

학교 안으로 들어가 《행복교과서》를 보급하고 교육해 '행복의 심화와 확산'을 이루는 것을 목표로 출범한 행복연구센터는 이제 10년의 역사를 뒤로하고 '새로운 10년'을 눈앞에 두고 있다. "최소 25년을 바라보고 행복연구센터와 행복교육을 시작했다"는 최인철 행복연구센터장의 로드맵에서 절반가량의 길을 지나 새로운 국면으로 접어든 것이다. 그리고 행복연구센터는 새로운 10년의 지향점으로 다음의 세 가지 목표에 집중하고 있다.

1. 행복교육의 질적 내실화
- 중등용 《행복교과서 II》 개발, 교과별 콘텐츠 개발, 교사 역량 강화 프로그램 향상, 찾아가는 행복연구센터 시행
2. 교실 밖의 행복수업
- 모바일 애플리케이션 개발, 생애주기별 행복교육 방안 모색
3. 행복연구와 행복교육을 통합한 행복 포털 사이트 구축

행복교육, 수준을 높여라

첫째, 행복연구센터는 행복교육의 질적 내실화, 고도화를 이루는 것을 목표로 두고 있다. 지난 10년간 행복교육은 학교 현장에서 빠른 속도로 확장해왔다. 이는 전국 각 초·중·고에 행복교육의 필요성을 알리고 행복수업이 다양한 방식으로 접목될 수 있도록 돕는 데 집중한 결과이자, 소중한 성취였다. 그렇다면 앞으로의 10년간 집중해야 할 것은 확장보다는 내실을 다지는 일일 것이다. 행복연구센터는 행복수업 자체의 질적 상승에 집중하는 것이 필요하다고 판단하고 있다.

행복연구센터가 오랫동안 준비한 중등용 《행복교과서 Ⅱ》는 행복교육의 질적 내실화를 위한 첫걸음이다. 2020년에 출간하는 것을 목표로 하고 있는 《행복교과서 Ⅱ》는 이론을 중심으로 한 기존 《행복교과서》와 달리, 학생들이 현실에서 부딪히며 경험하는 다양한 이슈를 중심 주제로 삼은 '실천서'로 기획됐다. 최인철 행복연구센터장은 "중학생들이 행복을 실천하고 연습하는 데 필요한 '현실적인 가이드'를 주는 것이 필요하다는 취지"로 《행복교과서 Ⅱ》를 기획했다고 말한다. "쉽게 설명해서 돈은 어떻게 써야 하는지, 친구는 어떻게 사귀어야 하는지와 같은 생활의 구체적인 문제들을 중심에 두고 교과서를 새로 썼다"는 것이다.

행복연구센터 교육사업팀이 박차를 가하고 있는 교과별 행복수업 콘텐츠 개발도 동일한 맥락에서 구상된 사업이다. 국어, 도덕 등 기존 교과목과 행복수업을 접목한 콘텐츠의 개발 및 보급으로 교사들이 자신의 전공 분야에서 행복교육을 보다 체계적으로 도입할 수 있도록 하는 것을 목표로 삼았기 때문이다. 교과별 행복수업 콘텐츠 개발은 행복수업 기초 워크숍에 참여한 교사들을 대상으로 한 설문조사가 시발점이 됐다. 2019년 상반기 기초 워크숍을 이수한 교사 369명을 대상으로 한 설문조사에서 "행복수업 실행, 잘되고 있나요?"라는 질문에 대해 64.45%만이 '행복수업을 실행'하고 있거나 '조만간 실행하겠다'고 답했다. 조사를 진행한 박복미 연구원은 "교사에게 주어진 시간은 한정적이고, 교과과정도 정해져 있으니 행복수업을 하고 싶어도 하지 못하는 경우가 더러 있어요. 어느 수업에서 어떻게 행복교육을 적용해야 하는지, 시작에 대한 궁금증을 가진 교사도 많았고, 시작하려고 마음먹었다가 포기한 분들도 있었죠. 바로 시작하지 못한 이들을 대상으로 그 이유를 물으니 '아직 준비가 안 된 것 같아서' '막상 시작하려니 두려움이 커서' '입시 때문에'와 같은 답을 들을 수 있었는데, 그중에서 스킬과 노하우에 대한 염려 때문에 실행하지 못하는 경우가 가장 많아 행복연구센터에서 이 문제에 적극 나설 필요가 있다고 판단한 것이죠"라고 배경을 설명했다. "어떤 수업에서, 어떤 콘텐츠를 가지고 행복수업을 시작할 수 있다는 것을 알기 쉽게 제시하는 것"을 목표로 삼은 교과별 행복수업 콘텐츠 개발은, 2019년 행복연구센터의 연구 프로젝트로 선정돼 현재 기획 단계에 있다. '국어와 행복수업' '도덕과 행복수업' 등 특정 교과목을 선정해 행복교육 콘텐츠를 개발해보자는 논의가 시작됐고, 가능한 빠르게 추진한다는 것이 행복연구센터의 계획이다. 홍영일 팀장은 이에 대해 "실제 행복 교사 가운데 국어와 도덕 교사의 비중이 높고, 이 두 과목이 《행복교과서》와 연계되는 부분이 많아 우선적으로 논의를 시작했지만 어떤 과목이 가장 먼저 시작할 수 있을지는 아직 알 수 없어요. 그러나 일단 첫 단추를 꿰게 되면 모든 과목을 대상으로 순차적으로 행복교육을 접목해나갈 계획"이라고 말했다.

행복 교사들이 행복을 보다 과학적이고 체계적으로 공부할 수 있도록 돕는 '교사 역량 강화 프로그램'도 지속적으로 업그레이드할 예정이다. 10년이란 시간 동안 기초 워크숍-심화 워크숍-교사행복대학-행복연구세미나로 발전해온 행복연구센터의 교사 교육과정은 이제 그 자체로 하나의 '행복 교사 육성 프로그램'으로 자리매김했다. 그러나 이에 만족하지 않고 보다 세심하고 정교하게 교육과정을 다듬는 것은 물론, 각각의 프로그램 자체에서도 질적 향상을 추구하겠다는 것이 행복연구센터의 목표다. "지난 10년은 행복 교사를 최대한 많이 양성하는 데 집중했다면 이제는 프로그램의 지속적인 업그레이드에 보다 많이 노력하겠다는 의미예요. 4단계로 정착된 교육과정에도 만족하지 않으려고 해요. 이를테면 지금 행복연구센터가 고민하고 있는 프로그램 중 하나는 교직 생활 10년 미만, 정교사 2급 이상의 교사를 대상으로 한 행복교육 프로그램 개발인데, 이렇게 누구를 대상으로 할 것인가에 대해서도 지속적으로 고민하고 그에 맞는 준비를 구체적으로 해나가려고 합니다."(우정은 연구원)

행복교육의 질적 내실화를 위해 구상하고 있는 또 다른 사업은 '찾아가는 행복연구센터'다. 그동안 행복수업 모니터링을 통해 일선 학교에서 진행되고 있는 행복수업 현장을 확인하고 기록해온 행복연구센터가 찾아가는 행복연구센터 사업을 통해 본격적으로 현장의 목소리를 끌어안겠다는 의지의 발로다. "2013년부터 2015년까지 실시한 모니터링을 이후 몇 해 동안 진행하지 못했어요. 그러나 앞으로는 찾아가는 행복연구센터를 통해 지속적으로 실시하려고 합니다."(우정은 연구원) 행복연구센터는 찾아가는 행복연구센터 사업을 여러 형태로 진행할 계획이다. 행복수업을 하고 있는 학교 중 행복연구센터가 주목할 만한 방식으로 운영되는 곳을 선정할 수도, 반대로 일선 행복 교사의 신청을 받아 모니터링 팀을 꾸려 행복수업을 참관하는 방식을 취할 수도 있다. 행복수업이 끝난 뒤에는 학생과 행복 교사를 대상으로 한 인터뷰를 진행해 피드백을 주고받으며 행복수업 효과를 꼼꼼하게 진단한다. 또는 지역에서 요청을 받아 교사, 또는 학생을 대상으로 행복 강의를 직접 진행하는 방법도 고려하고 있다. "현장에서 느끼는 행복수업의 애로사항과 고충을 듣고, 함께 문제 해결 방법을 모색하며, 아이들에게 응원의 메시지를 전해줄 수 있다는 점에서 중요한 사업"이라는 게 홍영일 팀장의 생각이다.

현장과의 커뮤니케이션을 강화하는 데에 목표를 둔

찾아가는 행복연구센터 사업이 기대감을 높이는 이유는 또 있다. 그동안 행복연구센터와 함께 성장해온 관록 있는 행복 교사들과 적극적인 협업을 계획하고 있기 때문이다. 그동안 행복수업에서 좋은 평가를 받았던 행복 교사들을 찾아가는 행복연구센터의 모니터링 팀원으로 영입하거나, 반대로 모니터링을 통해 행복수업을 훌륭히 실천 중인 교사들을 새롭게 발굴해 행복수업연구회로 영입하는 방법 등이 논의 중이다. 또한 모니터링은 행복교육의 수혜자인 학생들의 이야기를 직접 들을 수 있는 통로가 되는 만큼, 행복교육 콘텐츠 개발 과정에도 적극 활용될 예정이다. "모니터링을 통해 학생들이 행복수업에서 무엇을 느끼고, 무엇을 더 필요로 하는지 등을 알 수 있어요. 현장의 목소리에 귀를 기울이고, 이를 받아들여 행복수업의 수준을 높일 수 있도록 모니터링 의견을 적극 활용하려고 합니다."(우정은 연구원)

행복수업, 교실 밖으로

행복연구센터가 제시하는 행복교육의 두 번째 비전은 '교실 밖의 행복수업'이다. 지금까지 행복연구센터는 교사들을 대상으로 한 '교실 안 행복수업'에 집중해왔다. 그렇다면 행복연구센터의 새로운 과제는 교실 안에서 행복수업의 기초를 닦은 이들이 교실 밖에서도 꾸준히 행복을 연습하고 실천할 수 있도록 돕는 것일 테다. 최인철 행복연구센터장이 최근 가장 주목하고 있는 것은 스마트폰을 활용해 행복을 점검하고, 일상 속에서 개인의 행복 향상을 돕는 애플리케이션을 개발하는 일이다. "교실에서 행복을 배운 아이들이건, 행복을 배우지 못한 어른들이건 모바일에서 스스로 자신의 행복을 진단하고, 그에 맞는 솔루션 혹은 관련 활동을 제시하는, 이른바 '행복 토털 솔루션'을 만들고 싶은 욕심이 있어요. 개인화된 행복교육 모바일 서비스를 하는 것이죠. 지금까지 이런 걸 해보려는 곳이 여럿 있었는데 우리 행복연구센터가 하면 더 잘할 수 있을 것 같아요. 이런 애플리케이션을 잘 만들어낼 수 있다면 학교 밖의 행복수업, 즉 성인 다수를 포함하는 행복수업까지도 가능하다고 생각합니다."(최인철 센터장)

향후 5년 내 개발을 목표로 삼은 모바일 애플리케이션은 행복교육과 테크놀로지의 결합이라는 의미와, 사용자의 빅데이터를 수집할 수 있다는 차원에서도 행복연구센터에 중요한 사업이다. 교육과 함께 연구가 또 다른 중심축인 행복연구센터에 빅데이터는 주요한 연구 자산이 될 것이기 때문이다. 또 단기적으로는 행복수업을 경험한 아이들이 활용할 수 있는 실질적인 '행복 관리 프로그램'이 될 것이란 기대를 품게 한다.

행복연구센터도 "교과서에 있는 내용을 언제 어디서나 쉽게 보고 연습할 수 있도록 만든 애플리케이션이 지금 시대의 아이들에게 꼭 필요한 콘텐츠 중 하나가 될 것이라 생각한다"며 기대감을 표했다. "모바일 애플리케이션을 통해 아이들이 교실 밖에서 생활할 때에도 늘 행복을 연습하고, 또 공부할 수 있도록 유도할 수 있어요. 이를테면 감사일기를 모바일로 쓸 수 있게 한다거나, 감사에 대한 문구를 푸시 알림으로 제공하는 등, 행복수업에서 경험하는 활동에 항상 노출될 수 있게 한다면 어떨까요?"(우정은 연구원) 이 사업에는 학생들을 시작으로 장기적으로는 교사, 학부모는 물론 행복에 관심이 있는 일반인까지 누구나 쉽게 행복을 공부하고 연습할 수 있는 플랫폼이 될 것이라는 포부도 숨어 있다. 이를 통해 행복교육의 대상 범위를 한층 넓히겠다는 것이다. 바로 '생애주기에 맞춘 행복교육'이다. 홍영일 팀장은 "행복교육의 전체 대상을 확장하는 동시에 대학생, 사회 초년생, 예비 부부, 육아하는 젊은 부모, 은퇴자, 노인 세대에 이르기까지 각각의 시기에 맞는 행복교육을 진행하는 것이 행복연구센터의 장기적인 목표"라고 설명하며 "이렇게 생애주기별, 발달 단계별로 행복교육의 체계를 마련하고 정비하는 것이야말로 '교실 밖의 행복수업'의 종착지가 아닐까 생각한다"고 덧붙였다.

온라인 속 행복교육

행복연구센터의 마지막 미래 비전인 '행복연구와 행복교육을 통합하는 행복 포털 사이트 구축'도 자연스럽게 이와 연결된다. 서울대학교 행복연구센터가 지난 10년 동안 축적한 방대한 자료를 행복 교사와 일반 대중에 나누기 위한 창구, 행복 포털 사이트 '해피파인더'(www.happyfinder.co.kr)는 현재 1단계 개발을 완료하고 지난 7월 1일 공식 오픈했다. 해피파인더는 행복과 관련된 각종 콘텐츠를 망라한 일종의 '행복 도서관'으로, 행복과 관련한 국내외의 연구 논문과 보고서를 포함해 시, 소설, 다큐멘터리, 영화, 뮤지컬, 그림책 등 각 문화 분야별 행복 관련 콘텐츠를 아카이빙하고 있다. 우정은 연구원은 "행복을 연구하는 사람, 행복교육을 실천하는 사람, 그리고 일반 대중 등 행복에 관심이 있는 이라면 누구나 필요한 내용을 쉽게 접할 수 있는 포털 사이트를 목표로 했다"고 설명하면서 "모두에게 행복에 대한 과학적이고 체계적인 지식과 실천 방법을 제공할 것으로 기대한다"고 전했다. 최인철 행복연구센터장 역시 "지금은 주로 연구 자료를 위주로 아카이빙돼 있지만 앞으로는 더 많은 콘텐츠를 수집해 일반적인 포털 사이트처럼 운영하는 것이 목표"라고 말한다.

이 밖에도 행복연구센터는 그동안 진행해온 행복교육이 어떠한 효과가 있었는지를 다각도로 검증해 '한국형 행복교육의 모형'을 해외에 알리고자 한다. 홍영일 팀장은 "행복교육은 해외에서도 많은 발전이 이뤄지고 있기에 함께 정보를 공유하면 더욱 큰 시너지를 낼 수 있다"면서 세계 행복연구 단체들과의 교류를 통해 행복연구센터가 만들어낸 시스템과 콘텐츠를 알리겠다는 포부를 전했다. 그는 "작게는 행복수업 프로그램, 크게는 행복교육을 둘러싼 교사-학생-학부모-시도 교육청-정부-산학 연계 프로그램까지, 교육 제도 전반을 아우르는 총체적인 시스템 안에서 행복교육이 상상할 수 있는 청사진을 그리고 싶다"고 강조했다.

행복교육이
걸어갈 길

행복연구센터 설립 10주년을 맞이한 2019년은 행복교육 프로젝트의 중요한 분기점이다. 지나간 10년의 의미를 정리해 기록하고 새로운 10년을 신중히 맞이하고자 하는 행복연구센터는 장단기 사업 계획을 통해 대한민국 행복교육 프로젝트의 새로운 도약을 기대하고 있다. 그 미래를 가늠해볼 수 있을 행복교육 프로젝트가 걸어갈 길을 그려본다.

2019.07

행복 포털 사이트 '해피파인더' 오픈

2020~

찾아가는 행복연구센터 실시
교과별 행복교육 콘텐츠 개발
모바일 애플리케이션 개발
중등 《행복교과서 II》 발간 예정

2019 하반기

2019 하반기 행복교육 기초 워크숍(44~45회)
2019-2학기 행복교육 심화 워크숍(44~45회)
제11기 교사행복대학